Klaus Schopf (Hg.) – Um mich geht's

D1857160

Klaus Schopf (Hg.)

Um mich geht's

Tipps für den Alltag mit Kindern

Edition Anker

ABCteam-Bücher erscheinen in folgenden Verlagen:
Aussaat Verlag Neukirchen-Vluyn
R. Brockhaus Verlag Wuppertal und Zürich
Brunnen Verlag Gießen und Basel
Christliches Verlagshaus Stuttgart
Oncken Verlag Wuppertal und Kassel

Edition Anker – Horizonte

Die Deutsche Bibliothek – CIP-Einheitsaufnahme
Um mich geht's! : Tipps für den Alltag mit Kindern / Hrsg.: Klaus Schopf. -
Stuttgart : Christliches Verl.-Haus, 2001
(Edition Anker : Erziehung)
ISBN 3-7675-7061-0

www.edition-anker.de
© 2001 Edition Anker im Christlichen Verlagshaus GmbH, Stuttgart
Umschlaggestaltung: Dieter Betz, Friolzheim
Satz: WVG, Werbe- und Verlagsgesellschaft mbH, Grevenbroich
Druck: Freiburger Graphische Betriebe
Gesetzt aus der Janson 9,5/11,5
ISBN 3-7675-7061-0, Best.-Nr. 297.061

Inhalt

Autorenliste

Berit Binder, Sonderschullehrerin aus Heidelberg (Kinder und Computer)
Regina Braunschuh, Familienfrau aus Bischofsheim/Main (Kindergeburtstag)
Christa Brombach, Lehrerin aus Stuttgart (Aggressionen)
Steffi Colditz, Familienfrau aus Ulm (Kindergeburtstag)
Leonore Dieke, Familienreferentin aus Langenbach (Schlafengehen)
Steven Dieke, Zahnarzt aus Langenbach (Schlafengehen)
Christoph Georgi, Pastor aus Aue/Erzgeb. (Abendmahl)
Silvia Glogger, Familienfrau aus Ulm (Kindergeburtstag)
Lydia Klix, Familienfrau aus Ulm (Schlafengehen)
Irene Kraft, Pastorin aus Bad Soden (Ostern)
Dorothee Lüdemann, Lehrerin aus Ulm (Kindergeburtstag)
Ute Martin-Knerr, Lehrerin aus Eppingen (Null Bock)
Anne Michelmann-Bischoff, Familienfrau aus Pforzheim (Kindergeburtstag)
Thomas Mozer, Pastor aus Wüstenrot-Neuhütten (Abendmahl)
Kerstin Przygodda-Wendel, Familienfrau aus Lüneburg (Singen)
Siegfried Reissing, Pastor aus Stuttgart (Abendmahl; Lügen)
Conny Rieker, Familienfrau aus Heilbronn (Kinder und Fernsehen)
Klaus Schopf, Kinderreferent aus Heidelberg (Ferien; Singen; Herausgeber)
Inge Schuppert, Familienfrau aus Ulm (Kindergeburtstag)
Ruthild Steinert, Kinderreferentin aus Osnabrück (Ferien)
Cornelia Trick, Pastorin aus Bad Soden (Beten; Weihnachten)
Karl-Martin Unrath, Pastor aus Saarbrücken (Abendmahl)

Vorwort

Dieses Buch enthält eine Sammlung so genannter „Elternbriefe", die das Kinderwerk der Evangelisch-methodistischen Kirche seit einigen Jahren herausgibt. Es geht hier weniger um spektakuläre Dinge als um alltägliche und praktische Themen rund um den Alltag mit Kindern in der Familie und in der Gemeinde.

Die Familie ist das erste Beziehungsgeflecht, das Werte vermittelt. Allerdings hat sich das Familienleben in den letzten Jahrzehnten rasant verändert und tut es noch. Im Zeitalter des Individualismus ist es schwer geworden, familiäre Verhaltensweisen zu praktizieren. Viele Kinder leben aus zweiter Hand, obwohl sie sich nach Menschen sehnen, denen sie sich anvertrauen können. Aus unserer einstigen „Lampenschirm-Familie" ist die „Bildschirm- oder Computer-Familie" geworden. Gutenachtgeschichten werden häufig nicht mehr von den Eltern an der Bettkante erzählt, sondern von den „Scheiben-Eltern" (die Geschichte kommt von einer CD).

Kinder wollen mit ihren Eltern die Zukunft wagen. Dieses Buch möchte aufzeigen, wie es gelingen kann, Schutz- und Freiräume für die Kinder zu schaffen, zu gestalten und zu erhalten. Die Autorinnen und Autoren, die alle selbst Eltern sind, vermitteln Erfahrungen, Tipps, Anregungen und Hilfestellung. Ihre Ausführungen erheben keineswegs den Anspruch auf Allgemeingültigkeit; sie geben persönliche Gedanken, Meinungen und Einschätzungen wieder.

„Du bist mir wichtig.
Ich mag dich und drück dich.
Mit dir zusammen fällt mir alles halb so schwer.
Ziele angehen. Und Wunschträume sehen.
Gott macht uns Mut und geht neben uns her.

Viel Fantasie und tolle Ideen
und deine Gaben, spiel sie aus.
Sag, was dich drückt, und zeige Gefühle.
Schäme dich nicht, lass sie heraus."

In diesem Auszug aus einem meiner Kinderlieder kommt das wechselseitige Lernen, Teilen und die gegenseitige Achtung von Eltern und Kindern zum Ausdruck; diese Werte machen eine gute Basis der Erziehung aus. Kinder und Erwachsene sind aufeinander angewiesen und können voneinander profitieren, um schließlich gemeinsam Ziele anzusteuern. Glücklicherweise sind wir nicht alleine auf dem Weg. Gottes Begleitung in allen Lebenslagen ist uns gewiss. Nehmen wir dieses segensreiche Angebot, das Gott uns in seinem Sohn Jesus Christus gemacht hat, dankend an und lassen uns zusammen mit unseren Kindern von ihm an die Hand nehmen.

Der Elternarbeit kommt in dieser schnelllebigen Zeit auch in der Gemeinde eine Priorität zu. Gerade in der kirchlichen Arbeit sollen die Generationen zum Miteinander und für den Weg zum Glauben ermuntert werden; Kindern und Erwachsenen soll Gottes Nähe und Freundschaft lieb werden. Psalm 78,5b-7 weist uns ausdrücklich darauf hin: „*Er hat unseren Vorfahren befohlen, ihren Kindern davon zu erzählen, damit auch die folgende Generation es erfährt, die Kinder, die noch geboren werden. Und wenn sie selbst Eltern geworden sind, sollen sie es weitergeben an ihre Kinder. Sie sollen auf Gott vertrauen, seine Taten nie vergessen und seine Gebote treu befolgen.*"

In diesem Sinne wünsche ich allen Leserinnen und Lesern manches froh machende Ahaerlebnis, das zum Weiterdenken und Umsetzen ermutigt.

Klaus Schopf
Heidelberg, im Sommer 2001

Beten mit Kindern in der Familie

Beten gehört unabdingbar zum Leben mit Gott. Beten ist Ausdruck unseres Vertrauens zu ihm, Ausdruck unserer verborgenen Wünsche und Sehnsüchte, Ausdruck unseres erwartungsvollen Hörens auf das, was Gott uns im Gebet antworten wird. Von Jesus sind uns Gleichnisse überliefert, wie eine lebendige Beziehung zu Gott aussehen kann.

„Da klopft ein Mann bei seinem Freund spät in der Nacht heftig an die Tür. Er hat überraschend Besuch bekommen und kein Brot mehr im Haus. Ob der Freund wohl aushelfen kann? Der erhebt sich schlaftrunken und widerwillig von seinem Lager, öffnet die Tür und gibt dem Freund Brot. Wird nicht der himmlische Vater auf unsere Bitten viel lieber antworten?

Da ist eine Witwe, die zum ungerechten Richter läuft und ihn bedrängt, ihr endlich Recht zu schaffen. Sie treibt den Richter so in die Enge, dass er ihr schließlich zu ihrem Recht verhilft. Wird nicht der himmlische Vater, der es gut mit uns meint, erst recht für uns einstehen, wenn wir ihn darum bitten?“

Kinder beobachten uns sehr genau. Bevor sie es in Worte fassen oder uns nachahmen können, spüren sie, was uns in unserem Tagesablauf wichtig ist, was wir nur gezwungenermaßen oder aus Pflichtbewusstsein tun und was wir öfter mal vergessen, weil es uns nicht wichtig ist. Sie merken sich, mit wem wir Kontakt pflegen, wer bei uns vorbeikommt, mit wem wir oft telefonieren und von wem häufig Post im Briefkasten ist. Kinder beobachten auch, wie wichtig ihren Eltern das Beten ist: Sprechen sie nur aus Gewohnheit ein Tischgebet? Halten sie die Andacht sehr persönlich? Wie bedeutsam ist für sie das gemeinsame Beten? (Wie ist das, wenn alle verschlafen haben und Papa zum Bus muss: Wirft er noch einen Blick in die Zeitung oder betet er stattdessen mit Mama?)

Wir müssen uns selbst fragen, wie viel Raum wir dem Gebet in unserem Leben geben, bevor wir mit unseren Kindern beten. Sie haben nämlich ein unbestechliches Gespür dafür, ob sich unsere Aussagen mit unserem Leben decken. Sie werden es akzeptieren, wenn wir nicht frei beten können, wenn wir nicht alles vor Gott aussprechen können. Sie werden unserer Haltung anmerken, dass wir aufrichtig sein wollen – auch vor Gott.

Familienrituale

Jede Familie entwickelt feste Rituale im Tages- und Wochenablauf. Sie helfen uns, den Alltag zu bewältigen, ohne ständig Entscheidungen treffen zu müssen, was man tun und lassen soll.

Das Tischgebet

Ein Ritual ist das Tischgebet. Vor dem Essen zu beten heißt: innehalten und Gott danken, dass wir Nahrung haben. Unseren Kindern fällt es oft schwer, das Tischgebet abzuwarten; sie naschen ein wenig, kaum dass die Schüssel auf dem Tisch steht. Und doch gehört das Gebet für sie zur Mahlzeit. Sie erheben Protest, wenn es vergessen wird. Dabei war es uns von Anfang an wichtig, dass die Kinder das Gebet verstehen können. Die Länge des Gebets sollte daher dem Alter der Kinder angemessen sein. So wurde unser Gebet einfach und kurz: „Lieber Gott, hab Dank für das Essen. Amen."
Die Anrede „lieber Gott" besagt, dass wir Gottes Liebe vertrauen. Jesus hat uns gezeigt, dass Gott sich uns in Liebe zuwendet. Wenn wir manche Wege unseres Lebens nicht verstehen, wenn Gott uns scheinbar fern und rätselhaft ist, ändert unser Empfinden dennoch nichts an seinem Ja zu uns.
„Hab Dank für das Essen!" Diesen Dank haben wir bewusst

neutral gehalten. Ja, wir danken Gott, dass wir nicht hungern müssen. Allerdings: Unsere Geschmäcke sind verschieden und unsere Kinder pflegen ihre Vorlieben ausgeprägt – so gibt es für sie nicht immer ein ‚gutes' Essen. Wenn es dagegen Spaghetti gibt, beten sie häufig von sich aus: „Danke für das guuuute Essen!"

Um das Ritual des Tischgebetes zu überdenken oder es neu in den Tagesablauf aufzunehmen, kann ein Puppenspiel hilfreich sein. Zwei Handpuppen nehmen an der gemeinsamen Mahlzeit teil und unterhalten sich, sobald das Essen auf dem Tisch steht:
Krokodil: *Hm, ist das lecker! Ich werde mir gleich den größten Berg Nudeln auf den Teller häufen, bevor die anderen zuschlagen.*
Löwe: *Halt! Wir beten immer vor dem Essen.*
Krokodil: *Ihr betet? Was hat denn Gott mit diesen Nudeln zu tun? Die werden bloß kalt!*
Löwe: *Also, du Schlaumeier! Schließlich müssen wir nicht hungern – da können wir Gott doch wohl Danke sagen, oder?*
Krokodil: *Ja, wenn es nicht ewig dauert, will ich auch Danke sagen. Du hast ja Recht: Ich bin froh, dass Gott uns zu essen gibt – und Nudeln sind sogar mein Lieblingsessen.*
Löwe: *Schön, dann können wir gemeinsam beten: Lieber Gott, wir danken dir für das Essen heute. Amen.*

Es gibt Hilfsmittel, um Abwechslung ins Tischgebet zu bringen. Gute Erfahrungen haben wir mit einem Gebetswürfel gemacht. Auf jeder Seite des Würfels steht ein Gebet. Ein Kind darf würfeln: Welches Gebet wohl heute an der Reihe ist? In kurzer Zeit erweitert sich auf spielerische Art das Repertoire an Tischgebeten.
Eine andere Möglichkeit ist eine Tischgebet-Karteibox. Vor jeder Mahlzeit wird aus einer Vielfalt von Karten ein Gebet gezogen und vorgelesen.

Die Familienandacht

Die Andacht mit der Familie ist ein weiteres Ritual des Tages. Wenn Teile der Andacht für die Kinder noch nicht ganz verständlich sind, so öffnet sich ihnen doch eine große und fremde Welt, in die hineinzuwachsen ihre Chance und Aufgabe ist.

Wir lesen morgens am Familientisch die Losung, den in der kontinuierlichen Bibellese angegebenen Bibelabschnitt, sprechen darüber und beten dann gemeinsam. Unsere Kinder sind während unserer Lesungen meistens mit anderem beschäftigt. Sie schauen sich Bilderbücher an, malen ein Bild oder toben durch die Gegend. Wir haben für uns herausgefunden, dass wir unsere „stille Zeit" stressfreier gestalten, wenn wir den Kindern Freiheit geben. Zum gemeinsamen Gebet setzen sie sich wieder zu uns und reihen sich in die Gebetskette ein. Sie beginnen meistens mit dem Satz: „Lieber Gott, mach, dass es heute ein schöner Tag wird." Dann hängen sie eigene Anliegen an, auch Fürbitten für Papa im Geschäft. Danach beten wir gemeinsam das Vaterunser. Es ist erstaunlich, wie schnell Kinder das Vaterunser lernen. Immer wieder sprechen wir über dieses Gebet, damit die auswendig gelernte Hülle nach und nach mit Inhalt gefüllt wird.

Es gibt viele Formen einer Familienandacht – abhängig vom Alter der Kinder. Obwohl sie anfangs nur dabei sind und sich während der Andacht mit anderen Dingen beschäftigen, wird doch manches bei ihnen hängen bleiben. Sie spüren die Atmosphäre und sie hören, dass ihre Eltern zu Gott sprechen, als wäre er ihr Gegenüber.

Auch Andachtsbücher für Kinder mit einer weiterführenden Geschichte geben Anregungen. Sobald die Kinder lesen können, können sie den biblischen Abschnitt in ihrer Kinderbibel verfolgen.

Wird die Familienandacht nach dem Frühstück eingeplant, hat dies Vorteile: Meistens sind alle anwesend, die „stille Zeit" eröffnet den Morgen und positive Impulse begleiten die Familienmitglieder durch den ganzen Tag.

Vor dem Schlafengehen

Kleinkinder und Kindergartenkinder brauchen am Ende eines turbulenten Tages ein beruhigendes und gleich bleibendes Ritual. Ein auswendig gelerntes Gebet und ein schönes Gutenachtlied geben Kindern das Gefühl von Sicherheit und Geborgenheit. Oft beobachten wir, dass sie tagsüber im Rollenspiel Elemente dieses Rituals aufgreifen, z. B. wenn Teddybär und Puppe ins Bett gebracht werden.

Ein Abendgebet

Guter Gott, danke für diesen Tag.
Wir haben viel erlebt und Spaß gehabt.
Ich wünsche mir, dass es morgen wieder so ist.
Jetzt bin ich zufrieden und müde.
Behüte mich und meine Geschwister,
Mama und Papa
und meinen Bär (meine Puppe, mein Häschen, ...).
Amen.

Für Schulkinder ist das Abendgebet ein wunderbarer Anlass, den Tag noch einmal vorüberziehen zu lassen und die einzelnen Stationen zu bedenken: Was hat uns heute Freude gemacht? Mit wem haben wir uns heute besonders gut verstanden? Was haben wir fertig gebracht? Was konnten wir nicht zu Ende bringen? Was tut uns Leid? Wovor haben wir Angst? Für wen wollen wir bitten?

Diese Fragen helfen uns, Stoff zu sammeln: für unser Gebet mit den Kindern, aber auch für unser Gebet für die Kinder. Sie sollen erfahren, dass sie den Rucksack des Tages vor dem Bett abstellen können und dass Gott für sie sorgt. Sie sollen sich in ihrem Familiennest geborgen fühlen und spüren, dass das Gebet ihrer Eltern sie trägt. Für mich als Mutter ist diese Zeit kostbar und sensibel. Wie meine Kinder, so benenne auch ich, was mir in Bezug auf sie Leid tut, und bitte Gott um Vergebung. So können wir den Tag versöhnt und aufgeräumt beenden. Ein gemeinsames Lied schließt die Abendandacht ab.

„Ich will nicht beten!"

Hin und wieder hören wir diese Verweigerung. Sie enthält verschiedene Botschaften:
- Ich möchte mich jetzt nicht der Familienordnung fügen.
- Ich möchte provozieren. Was werden die Eltern sagen?
- Ich kann mir nicht vorstellen, dass Gott bei diesem Problem weiterhelfen kann.
- Ich finde es peinlich, zu beten, wenn meine Schulfreundin mit am Tisch sitzt.

Wir versuchen der Botschaft des Kindes auf die Spur zu kommen. Entsprechend unterschiedlich fällt die Reaktion aus. Wird dieser Satz provozierend während unserer Familienandacht gesprochen, akzeptieren wir die Verweigerung kommentarlos – beim nächsten Mal ist das Beten wieder interessant. Spüren wir einen Zweifel in der Aussage, ermutigen wir das Kind, davon zu erzählen. Meistens sind es wichtige Fragen, die das Kind umtreiben: Warum kann Gott mich hören und gleichzeitig jemanden in einem anderen Haus? Gestern habe ich Jesus gebeten, dass er mir in der Schule hilft, aber ich habe die Aufgabe trotzdem nicht verstanden – warum hat er mir nicht geholfen? Meine Freundin hat erzählt, Gott gebe es gar nicht – stimmt das (man denke an den Osterhasen, dessen Geheimnis sich für das Kind inzwischen längst gelüftet hat …)? Oft schließt sich an eine solche Anfrage ein längeres Gespräch an. Nicht alle Fragen sind

leicht zu beantworten – doch an unserem Nachdenken erkennt das Kind, dass es ernst genommen wird und dass sein Fragen Sinn macht. Je älter das Kind wird, desto mehr wird es sich vor seinen Eltern verschließen. Gut also, wenn es schon früh erfahren hat, dass es daheim, in diesem geschützten Raum, Zweifel an Gott und der Welt aussprechen kann. Die Eltern versuchen tragfähige Antworten zu geben, die mit ihrem eigenen Glauben übereinstimmen.
Dass Beten peinlich sein kann, kenne ich aus meiner eigenen Kindheit. Ein öffentliches Tischgebet in einem feinen Restaurant kam mir fehl am Platz vor. Wenn meine Freundin zum Essen da war, hätte ich es auch lieber sein lassen. Tatsächlich gibt es ja auch unter Erwachsenen ganz verschiedene Ansichten zu diesem Thema. Manche beten still für sich, manche mit der dazugehörigen Gestik, andere haben keine Scheu, mit der Familie im Restaurant das Tischgebet laut zu sprechen oder gar zu singen, wieder andere vermeiden es, in der Öffentlichkeit aufzufallen, und begründen es mit der Freiheit eines Christenmenschen, der nicht an Gesetze gebunden ist. In meiner Familie erlebe ich, dass meine Kinder sich beim Beten wohl fühlen, wenn wir als Erwachsene unserer Sache gewiss sind. Das Gebet gehört bei uns zum Essen, also laden wir unsere Gäste auch dazu ein. Wir stellen es als ein Privileg dar, jederzeit mit Gott reden zu können. So gewinnen unsere Kinder Selbstvertrauen und Stärke, ihren Weg auch in einer nichtchristlichen Umgebung zu gehen.

Das Rollenspiel

Im Kindergarten- und Vorschulalter sind Rollenspiele beliebt. Alle Alltagserfahrungen werden im Spiel verarbeitet und interpretiert. Spielen wir mit den Kindern Rollenspiele oder beobachten wir sie insgeheim beim Rollenspiel, erfahren wir, was in

ihrem Inneren vor sich geht. Durch das Rollenspiel werden Handlungen reflektiert, Unverstandenes kann erklärt werden. So öffnet sich die Perspektive des Kindes, das uns an seinem Blick von der Welt teilhaben lässt.
Ein Beispiel: Wir decken den Tisch. Meine Tochter ist die Mutter, ich bin das Kind. Ich will gleich zu essen anfangen. Meine Tochter erinnert mich, dass wir erst beten wollen. Sie betet unser Tischgebet. Nach dem Essen bringt sie mich zu Bett, gibt mir einen Gutenachtkuss, betet und singt. Ich hake ein: Warum betest du jetzt? Und sie erklärt mir, dass Gott auf mich aufpasst, damit ich gut schlafen kann.

Der Herr segne dich

Kinder auf ihren ersten Wegen zu begleiten, ihnen das Leben mit seinen Freuden, Herausforderungen und Schattenseiten lieb zu machen ist ein Geschenk und eine große Aufgabe. Wir sind dabei nicht allein. Gott, der uns in Jesus nahe gekommen ist, gibt uns Weisheit und Gelassenheit. Er segnet uns und unsere Kinder, hält uns fest und führt uns.
Eine Auslegung des aaronitischen Segens (4. Mose 6,24-26) spricht uns das zu:

„Der Herr,
aus dessen Hand du kommst,
der dein Vater ist,

segne dich,
er lasse dich gedeihen
und wachsen an Leib und Seele.

Er behüte dich
vor Angst und Gefahr
und allem Argen.

Er lasse sein Angesicht
leuchten über dir
wie die Sonne über der Erde.

Und sei dir gnädig,
vergebe dir deine Schuld
und mache dich frei.

Der Herr erhebe sein Angesicht auf dich,
er schaue in Liebe auf dich
und tröste dich.

Er gebe dir Frieden,
das Wohl des Leibes
und das Heil der Seele.

So will es der Herr.
So gilt es in Zeit und Ewigkeit.
So gilt es für dich. Amen."

(nach Jörg Zink)

Cornelia Trick

Literatur:
Gebetswürfel, Hintermann-Verlag
Greifbare Tischgebete, Christliches Verlagshaus
Ich rede mit Gott, 3 Gebetsbilderbüchlein, Brunnen-Verlag
J. Zink, Wie Sonne und Mond einander rufen. Gespräche und Gebete mit Kindern, Kreuz-Verlag

Singen mit Kindern in der Familie

Wieso? Die singen doch sowieso nicht mehr …

… denken Sie vielleicht beim Lesen und haben ein Bild vor Augen: An der Bushaltestelle stand er, schätzungsweise elf Jahre alt, Hände in den Hosentaschen, Walkman auf dem Kopf. Und gleich taucht eine weitere Erinnerung auf: Letzten Sonntag, Gemeindelied Nr. 72, das Mädchen rechts hatte den Mund nur einen Spalt breit offen – Platz genug für den Kaugummi, mehr passte nicht zwischen den Lippen durch.

Kinder konsumieren Musik wie Erwachsene

Stimmt! Musik aus der Konserve und viele andere Einflüsse haben dazu geführt, dass singende Kinder uns seltener begegnen, als viele von uns es sich wünschen.

Szenenwechsel: Anfang 1991 beginne ich meine Arbeit als Musikpädagogin in einer ganz „normalen“ Hamburger Schule. Eineinhalb Jahre später ist ein Grundschulchor mit fünfzig Kindern und ein Teenie-Chor mit dreißig Sängerinnen und Sängern entstanden. Ist Singen also doch ein Grundbedürfnis des Menschen, macht es Spaß und bringt es die Kids zueinander?

Warum das Singen so wichtig ist

Singen ist eine „elementare Ausdrucksform“ des Menschen. Hinter diesem musikpädagogischen Fachausdruck verbirgt sich die Tatsache, dass das Singen von Geburt an zum Menschsein gehört. Schon ein Kleinkind ist in der Lage, seine Stimme singend zu gebrauchen, sei es beim Rufen nach der Mama oder beim Summen und Trällern einer Liedzeile.

Singen ist entwicklungspsychologisch wichtig

Kinder, die gesungen haben, gehen mit ihrer Stimme – und insofern auch mit ihrem Körper und ihrer Atmung – in der Pubertät anders um als „stumme“ Kinder. Sie haben gelernt, ihrer „Stimmung“ Ausdruck zu geben. Singen kann als Ventil für die eigenen Gefühle dienen – eine Ausdrucksmöglichkeit, die heute in unserer schnellen technischen Leistungsgesellschaft selten genug ist. Wer empfindet es nicht als natürlichen Anblick, wenn ein Kind mit offenem Gesicht und Körper singt, anstatt sich zwischen Schultern und Haaren zu verkriechen?
Singen ermöglicht Lernen in ganz unterschiedlichen Bereichen: Jeder, der einmal mit einer Gruppe oder im Chor gesungen hat, weiß, welche sozialen Fähigkeiten hier gefördert werden. Beim gemeinsamen Singen in der Familie wollen alle miteinander den Einsatz schaffen, den richtigen Ton treffen, das schwierige Wort

deutlich aussprechen. Fragt man das Kind danach, was nicht so gut gelungen sei, sprudelt es oft heraus: „Wir waren zu langsam an der Stelle“, oder: „Ich habe in die Pause reingesungen.“ Dem gemeinsamen Gesang aufmerksam zu lauschen, ihn zu verbessern und sich an kleinen Erfolgsschritten zu freuen, das sind Erlebnisse, die für die Entwicklung von Kindern wichtig sind.

Kerstin Przygodda-Wendel

Singen – wie geht das?

Singen ist eine gehobene Form der Lautäußerung, bei der wir unterschiedliche Tonhöhen erzeugen. Die Töne halten wir unterschiedlich lange aus, was letztlich den Rhythmus ergibt. Wenn wir sprechen, tun wir dies spontan, während wir beim Singen in der Regel auf bestehende Melodien und Texte zurückgreifen. Früher war wohl auch das Singen etwas Spontanes. Wir merken dies, wenn wir ein Kind in den Schlaf summen oder bei einer Arbeit in Gedanken versunken Töne hervorbringen und manchmal sogar Worte dazu erfinden. Historisch ist nicht mehr feststellbar, seit wann es Lieder gibt. Das Singen ist jedenfalls eine uralte Ausdrucksform des Menschen.

Warum singen wir?

Durch das Singen von Liedern lassen sich Gefühle ganz anders ausdrücken als beim Sprechen. Beim Singen schwingt der ganze Körper mit. Singend können Kinder beruhigt oder abgelenkt werden. Mit Gesang drücken wir Freude, Begeisterung und gute Laune aus; andererseits können durch Lieder auch Trauer, Enttäuschung und andere Emotionen geäußert werden.

Lieder können erfreuen, beleidigen, trösten, verletzen, überzeugen, aufmuntern, beruhigen, aufhetzen, verschleiern, verfälschen, informieren, verspotten, manipulieren, aufklären, berauschen, belügen, erzählen, ermutigen, entwaffnen, zusammenführen, stärken, anklagen, verehren, berichten, anbeten, unserer Sehnsucht einen Klang geben, bitten, verherrlichen, befreien, zu Bewegungen animieren, erleichtern, zum Widerstand auffordern, fröhlich machen usw.
Singen mit Kindern kann Eltern und Kinder zusammenschweißen. Ein einfacher Kanon macht deutlich, dass jede Stimme bedeutsam ist und gebraucht wird. Im gemeinsamen Singen mit dem Kind beschäftige ich mich mit ihm. Auch weniger stimmbegabten Kindern macht das Singen Spaß, wenn wir sie loben und motivieren.
Wie viel Lust und Zeitvertreib bescheren uns bereits Klänge wie das Summen und Brummen! Singend kann ein Kind, das unter „seelischer Hochspannung" steht, wieder zum inneren Gleichgewicht finden: Singen als Ventil. Geben Kinder ihrer Freude und Ausgelassenheit, aber auch ihrer Trauer und Wut eine Stimme in Form eines Liedes, so leben sie ihre Erfahrungen und Emotionen aus und kanalisieren diese.

Die Stimme der Kinder

Die Kinderstimme ist entwicklungsbedingt höher als unsere Erwachsenenstimme. Bei guter Übung kann eine Kinderstimme hell und klar klingen. Von daher ist es wichtig, dass wir beim Singen mit unseren Kindern die Lieder auch der kindlichen Tonhöhe anpassen. Zu tief oder zu hoch gesungene Lieder schaden einerseits und nehmen andererseits oft die Freude des Kindes am Singen. Die normale Tonhöhe bzw. der bequeme Tonumfang, den die meisten Kinder ersingen können, liegt zwischen d und d.

Liedauswahl

Kinder sollen – was den Schwierigkeitsgrad der Melodie und des Textes betrifft – beim Singen nicht überfordert werden. Hinsichtlich der Melodie können der Tonumfang (siehe oben) eines Liedes sowie die Sprünge der aufeinander folgenden Töne hilfreiche Auswahlkriterien sein. Eine eingängige, einfache und eindrucksvolle Melodie, bei der sich Teile wiederholen, hilft den Kindern beim Lernen.
Der Liedtext muss für Kinder verständlich sein, das heißt er muss kindgerecht sein. Trotzdem können auch andere Lieder mit Kindern gesungen werden, wobei ihnen erklärt werden sollte, was sie singen. Oftmals ist es sinnvoll, bestimmte Worte zu hinterfragen bzw. umschreibend zu erklären.

Das Lernen von Liedern

Wenn sich Kinder nicht durch unermüdliches Hören einer CD oder Musikkassette oder mithilfe des Radios selbst Lieder beibringen (was heutzutage leider oft die einzige Form des Liederlernens ist), sollten wir Eltern einiges beachten:

- Die Erwachsenen müssen das Lied selbst kennen und können.
- Hilfreich ist es, zuerst den leichteren Teil (Strophe oder Refrain) eines Liedes zu lernen und ihn mehrmals vorzusingen.
- Zusammen kann man im Rhythmus klatschen.
- Es ist lustig, mal laut, mal leise, mal flüsternd zu singen.
- Das Tempo kann variiert werden.
- So genanntes „Tunnelsingen“ fördert Rhythmik und Konzentration des Kindes, das heißt Teile oder Wörter eines Liedes werden bewusst ausgelassen.
- Lieder werden durch Bewegungen unterstützt.
- Wir singen auswendig (bei Vorschulkindern geht es sowieso nicht anders).

- Grundsätzlich gilt: Das Wiederholen von Liedern oder Liedteilen bringt uns Erwachsene oft zum Staunen, was die Lernfähigkeit der Kinder betrifft.

Ich habe die Erfahrung gemacht, dass Kinder ein einigermaßen eingängiges Kinderlied nach zwei- bis dreimaligem Singen zu gut 80 % singen können. Das schaffen wir Erwachsenen nicht!

Tricks und Tipps für das Singen mit Kindern

- Hören und fühlen Sie sich in die Kinder ein, um die richtige Liedauswahl und den richtigen Zeitpunkt fürs Singen zu erspüren.
- Geben Sie die Stimmung eines Liedes weiter.
- Singen Sie laut, langsam und deutlich.
- Singen Sie engagiert, begeistert und halten Sie Blickkontakt mit den Kindern.
- Singen Sie abwechslungsreich: laut – leise, mit verstellter Stimme, mit Bewegungen usw.
- Vermitteln Sie den spielerischen Umgang mit einem Lied: Singen als schöner Zeitvertreib.
- Die Freude am Singen muss auf die Kinder überspringen.
- Stülpen Sie den Kindern das Singen nicht zwanghaft über – als Motto gilt immer noch: Lust statt Frust.

Was passiert beim Singen von Liedern?

Lieder bestehen bekanntlich nicht nur aus Tönen, Melodien und Rhythmen, sondern auch aus Texten, die eine Botschaft haben. Christliche Lieder vermitteln den Kindern ein Bild von Gott. Selbst wenn ein Kind nur oberflächlich auf den Text achtet, so finden die Worte durch die Wiederholungen doch einen Widerhall im Kind. Vielleicht können Lieder sogar besser das

Evangelium zu den Kindern bringen als das Erzählen biblischer Geschichten oder irgendwelche anderen „Methoden". Deshalb sollten wir als Eltern bei der Liedauswahl darauf achten, dass die Inhalte, Bilder und Gedanken die Erlebniswelt der Kinder berühren. Je konkreter ein Text, umso besser; denn Abstraktionen werden von Kindern wörtlich verstanden, sodass falsche Assoziationen hervorgerufen werden. Zudem: ein Text, den ein Kind nicht versteht, bewirkt Langeweile und Desinteresse.

„Eine ganz wichtige Überlegung ist die, ob Liedtexte tatsächlich den Gott widerspiegeln, den uns Jesus Christus ge-offen-bart hat. Es gibt Lieder, die die Vorstellungen von Gott eher verschleiern und ein verzerrtes Bild von Gott malen. Jesus hat das Wesen Gottes offen gelegt. Er hat durch sein Verhalten und sein Reden keinen Zweifel an der unbedingten Liebe Gottes zu Kindern und Erwachsenen gelassen. Jesus zu beobachten, wie ihn uns das Neue Testament überliefert hat, bedeutet, Klarheit in verzerrte Bilder von Gott zu bekommen. Und es bedeutet, Gott zu sehen, wie er sich uns zeigt. Das ist das wichtigste Kriterium in der Auswahl von Kinderliedern. Welches Bild von Gott zeichnen wir in den Köpfen und Herzen der Kinder? Sind sie dem Evangelium von Jesus Christus förderlich oder verschleiern und verzerren sie es?"

(aus: Hoppla 1/99 von Hansi Hoyer, Stuttgart)

Klaus Schopf

Abends ist es schön – vor dem Schlafengehen

„Papa, kommt der Jim heute noch ein paar Minuten? Dann kann ich besser einschlafen."
Jim, eine lustige, verschmitzt aussehende Bauchrednerpuppe, ist für unsere Tochter der liebste Gast beim Zubettgehen. Er darf zusammen mit dem Papa auf der Bettkante sitzen, kann Späße und freche Bemerkungen machen, aber durchaus auch eine Brücke zu allen möglichen Gesprächsthemen bauen, die unsere Tochter beschäftigen.
Diese Minuten vor dem Einschlafen sind für sie wichtig. Ein persönliches Gebet, in dem der Tag mit seinen Ereignissen zusammengefasst wird und wir Gott um seine Nähe für die Nacht bitten, und ein dicker Gutenachtkuss bilden diesen letzten Höhepunkt des Tages.

„... schlaf in himmlischer Ruh', schlaf in himmlischer Ruh."
„Ich liege und schlafe ganz mit Frieden; denn allein du, Herr, hilfst mir, dass ich sicher wohne." (Psalm 4,9)

Wer von uns wünscht sich dies nicht? Mit Frieden einschlafen, geborgen in Gott. Die ersten „Götter", die Kinder kennen lernen, sind ihre Eltern. Wie helfen wir ihnen beim Einschlafen, um zur Ruhe zu kommen? Das Wohlbefinden unserer Kinder hängt in großem Maß von diesem Aspekt ab.
„Gute Nacht" sagen erfordert keine Mühe; mehr schon wird von uns verlangt, wenn wir unsere Kinder zu Bett bringen und sie in den Schlaf begleiten.
Unsere Kinder mögen es, wenn wir morgens und abends im Tagesrhythmus innehalten, um zu beten. Dabei sind uns An-

dachtsbücher für Kinder verschiedener Altersgruppen willkommen. Hier finden wir viel Diskussionsstoff und bilden uns eine eigene Meinung. Manchmal zieht im anschließenden Gebet der Tag noch einmal wie ein „Film" an uns vorüber.
Für unsere Familie ist es wichtig, dass wir den Tag gemeinsam beschließen oder – wie es unser neunjähriger Sohn ausdrückte: „... dass wir mit euch kuscheln können."
Am Bett findet ein letzter Austausch über Erlebtes oder Bedrückendes statt. (Und eine Kissenschlacht ist eine Abwechslung besonderer Art). Die Vorlieben haben sich in den Jahren verändert: vom Vorlesen, Erzählen, Singen bis hin zum Wunsch, Streiche aus unserer Kindheit zum Besten zu geben (die Schule ist bei uns besonders beliebt ...).
Geblieben ist die Erfahrung, dass unsere Kinder nachts fast immer ruhig durchschlafen konnten. Wenn doch einmal eines unserer Kinder nicht einschlafen konnte, weil der Tag zu aufregend war, haben wir es gestreichelt und uns mit ihm ins Bett gekuschelt, bis es eingeschlafen war (allerdings passiert es dabei schnell, dass Mama und Papa bald ebenfalls schlummern ...).
Wichtig erschien uns, die Kinder nicht mit unverarbeiteten Problemen oder Ereignissen ins Bett zu schicken, sofern wir davon wussten: Ein nicht verstandener Film, der gemeinsam gesehen wurde, noch wesentlicher eine Versöhnung nach einem Streit oder eine Entschuldigung der Eltern für ungerechte Behandlung – hier musste dem Einschlafen ein besonderes Ritual vorangehen.
Mit zunehmendem Alter rückt das Schlafengehen der Kinder auf den späteren Abend, das heißt die Freizeit der Eltern wird kürzer, da sie sich meistens auf den Abend beschränkt. Allerdings gibt es mit größeren Kindern eine Menge auszutauschen. Alle sind müde, oft kämpfen wir um Viertelstunden; doch nie haben wir Eltern die mit den Kindern verbrachten Stunden, in denen wir scheinbar nichts „Abrechenbares" schafften, als vertane Zeit betrachtet. Im Gegenteil: Die wirklich wertvollen

Dinge im Leben sind eben die Unsichtbaren. Ehe Mama und Papa dann schlafen gehen, schauen sie noch einmal nach jedem Kind – und oft stehen wir vor unseren schlafenden Wundern.

Leonore und Steven Dieke

Das Gutenachtlied

Die Zeit vor dem Einschlafen hatte für uns und unsere Kinder schon immer eine ganz besondere Bedeutung.
Anfangs standen wir abends an der Wiege und sangen ein Gutenachtlied. Wir baten Gott, unser schlafendes Kind zu schützen und zu bewahren. Wir sangen die Lieder, die wir aus unserer eigenen Kindheit kannten.
Das wurde von den Kindern bis zum Kindergartenalter unerschüttert akzeptiert. Später kamen dann die Fragen: “*... und lass uns ruhig schlafen und unsern kranken Nachbar auch ...*“ Welcher unserer Nachbarn denn nun krank sei, wollten sie von uns wis-

sen, als wir wie gewohnt „Der Mond ist aufgegangen“ sangen? So dichteten wir kurzerhand die Zeile um: “ ... *und all die andern Kinder auch* ... “

Ähnlich verfuhren wir mit anderen „Einschlafliedern“. „*Breit aus die Flügel beide, oh Jesu, meine Freude. So nimm dein Kindlein ein. Will Satan es verschlingen, so lass die Englein singen* ... “ Aus dem Vers, der die Kinder befremdete, wurde: „*Will Schaden ihm begegnen, so lass es nicht geschehen. Dies Kind soll unverletzet sein.*“

Gerne wollten wir altes Liedgut erhalten und unseren Kindern überliefern, allerdings mit einem verständlichen Text, den wir bejahen konnten.

Wenn Großeltern mit ihren Enkeln singen und diese alten Textinhalte vermitteln, können sie auf Protest der Kinder ihre Flexibilität beweisen ...

Von „Karl-Friedrich“ und anderen „Helden“

Den größten Stellenwert nahm bei uns immer die Gutenachtgeschichte ein. Mein Mann fing an, kleine Geschichten zu erfinden. Meistens spielten in seinen Abenteuern unsere Kinder eine wichtige Rolle. Oft wurden Erlebnisse des Tages eingebaut. Im Lauf der Jahre wurden also die kleinen „Helden“ in den Geschichten größer: „Karl-Friedrich“ hat sich gerade in eine Klassenkameradin verliebt und die Kinder fühlen mit ihm mit.

Auch ich versuchte mich anfangs mit eigenen Geschichten. Doch an den Gesichtern der Kinder merkte ich bald, dass sie offenbar nicht ihrem Geschmack entsprachen. Ich hatte abends nicht die Ruhe und mir fehlte wohl auch die nötige Fantasie. So griff ich zu Büchern, mit denen sich die Kinder sowieso gerade beschäftigten. Gerne holten wir auch die Kinderbibel hervor. Mal durften sich die Kinder die biblischen Geschichten selbst aussuchen, dann wieder wählte ich sie aus, wobei ich häufig zusammenhängende Teile bevorzugte (z. B. das Leben Moses).

Noch heute, wo es zu den Bonbons gehört, wenn Papa die Kinder zu Bett bringt, höre ich am Nachmittag die erwartungsvolle Frage: „Papa, bist du heute Abend zu Hause?“ Ein Ja hat ein fröhliches: „Hurra, dann gibt’s ’ne Geschichte!“, zur Folge. Selbst unsere Vierzehnjährige ist begeistert. Alle kuscheln sich ins Bett der Jüngsten und hören gespannt zu.

Den Tagesabschluss bildet ein freies Gebet von uns Erwachsenen. Die Kinder werden ermutigt (aber nie gezwungen), auch selbst zu beten.

Seitdem nun jedes der Kinder ein eigenes Zimmer hat und alle zu verschiedenen Zeiten schlafen gehen, bringe ich sie meistens einzeln zu Bett.

Mit Kathrin (14) werden schnell noch einmal Vokabeln wiederholt. Sie erzählt mir von ihren Plänen für die bevorstehende Geburtstagsfeier oder von dem Kummer, den sie gerade mit ihrer Freundin hat. Endlich plappert dabei keines ihrer Geschwister dazwischen. Wir genießen dieses Zusammensein. Vor einigen Jahren hat sie durch die Anregung einer Freundin angefangen, ihre Andacht mit einem Bibelleseplan für junge Leute zu halten.

Christopher (12) hat noch auf den letzten Drücker tausend Kleinigkeiten zu erledigen. Ich muss oft mehrmals in sein Zimmer, bis er endlich „aufgeräumt“ hat und empfänglich ist für ein paar gute Worte und ein Gebet.

Für Mirjam (10) ist es ganz wichtig, dass Mama oder Papa an ihr Bett kommen. Sie muss den Tag Revue passieren lassen. Oft entschuldigt sie sich für liebloses Verhalten oder sucht Trost. „Betest du noch mit mir?“, ist meist ihr Wunsch.

Wir Eltern haben gemerkt, dass die Momente und Stunden, die wir abends am Bett unserer Kinder verbringen, sehr verbinden. Wir nehmen uns die Zeit dafür, so lange unsere Kinder es wünschen.

Lydia Klix

Advent und Weihnachten in der Familie

Entstehung und Bedeutung des Festes

Gott ist Mensch geworden! Das feiern wir in der Advents- und Weihnachtszeit. *„Es begab sich aber zu der Zeit, dass ein Gebot von dem Kaiser Augustus ausging …“* (Lk 2,1); so wird das große Ereignis eingeleitet, von dem die Evangelien des Matthäus und Lukas berichten.

Das Fest der Geburt Jesu entwickelte sich in verschiedenen Teilen der Erde in unterschiedlicher Ausprägung. In Rom hatte Kaiser Aurelian 274 n. Chr. ein Fest zu Ehren des Sonnengottes eingeführt. Es wurde nahe der Wintersonnenwende am 25. 12. begangen. Christen knüpften an dieses Fest an, gaben ihm aber ein eigenes Thema: In der Nacht vom 24. zum 25. 12. feierten sie die Geburt Christi.
Die Begründung findet sich nicht zuletzt in biblischen Aussagen: Maleachi 3,20 nennt den kommenden Erlöser „Sonne der Gerechtigkeit“, und in Johannes 8,12 bezeichnet sich Jesus als „Licht der Welt“.

Später wurde dem Weihnachtsfest die vierwöchige Adventszeit vorangestellt. Sie sollte der Vorbereitung auf das Fest dienen. Die frohe Erwartung des Reiches Gottes stand im Mittelpunkt.

Für Christen hatte das Geburtsfest immer einen weit reichenden Sinn: Sie feierten Gottes Kommen zu den Menschen, das Kommen seines Reiches und die Erfahrung seiner Gegenwart durch Jesus Christus. Sie feierten den Gottessohn in Gestalt eines von einer Frau geborenen, Leid, Vergänglichkeit und Tod unterworfenen Menschen. Die ärmliche Geburt in der Krippe, die

Anbetung durch die Hirten und Weisen, die Flucht ins Ausland nach Ägypten – sie sind Zeichen der Offenbarung Gottes in Jesus Christus. Dies ist das tragende Motiv des Festes.

Advents- und Weihnachtsbräuche

Adventskranz

Erst mit Beginn dieses Jahrhunderts wurde der Adventskranz in Deutschland heimisch. Der Kranz ist ein altes Siegeszeichen. Wir kennen es schon aus der Antike. Christlich gedeutet ist der Kranz ein Zeichen für den Sieg Christi über Sünde und Tod. Der Kranz ist aus dem Grün von Tannen-, Fichten- oder Kiefernzweigen gebunden, mit farbigen Bändern umwickelt und mit 4 Adventskerzen geschmückt. Sie sind Symbole unserer Zuversicht: Der Kampf gegen das Dunkel unseres Lebens ist nicht aussichtslos, denn wir erwarten den Heiland der Welt, der Licht in unsere Finsternis bringt. Für viele Menschen ist der Kranz ein Zeichen der Liebe, ein Ring, der alle zusammenschließt, die zu Christus gehören. In manchen Gegenden wird für jeden, der am Kranzbinden beteiligt ist, ein eigener Zweig in den Kranz geflochten; auch an die Einsamen und Kranken wird dabei gedacht, denn sie sollen in die adventliche Hoffnung eingeschlossen werden. Nach und nach werden die Adventskerzen angezündet und regen zur Besinnung an: Nachdenken über die Ankunft Jesu Christi in unserem Leben; Nachdenken über die Veränderung unseres Daseins durch sein Wirken.

Weihnachtsbaum

Der Weihnachtsbaum hat seine Wurzel in mittelalterlichen Mysterienspielen. Sie wurden als Auftakt zum Weihnachtsfest in

der heiligen Nacht vor den Portalen der Kirchen aufgeführt. Adam, Eva, der Teufel, der Cherub, der das Paradies verschlossen hält, traten auf. Im Mittelpunkt stand der Baum der Erkenntnis, dessen Frucht der Anlass für den Sündenfall wurde. Obwohl die Bibel keine bestimmte Frucht nennt, setzte sich in Deutschland der Apfel durch. Und da Apfelbäume im Winter kahl sind, hängte man Äpfel an eine immergrüne Tanne. So gab dieses Spiel dem Baum seine christliche Bedeutung. Im Glauben an den gekreuzigten und auferstandenen Herrn wurde zu Weihnachten die Vergebung gefeiert, die offene Tür zum Paradies, der Neubeginn der Geschichte Gottes mit den Menschen.
Alte Weihnachtslieder bringen die Freude zum Ausdruck, dass das Paradies wieder zugänglich ist: „*Heut schleußt er wieder auf die Tür zum schönen Paradeis; der Cherub steht nicht mehr dafür, Gott sei Lob, Ehr und Preis!*"
Neben den Apfel wurde eine Hostie gehängt, die an den Kreuzestod des in der heiligen Nacht Geborenen erinnerte. Dem Apfel steht damit das Leben spendende Brot gegenüber, der Leib Christi, gebrochen zur Vergebung der Sünden. Aus den Hostien entwickelte sich das Weihnachtsgebäck, das die Tannenzweige schmückte.
Allmählich fanden die Weihnachtsbäume auch in den Wohnungen Einzug. Der Schmuck wurde reichhaltiger und ebenfalls mit christlichem Sinn umhüllt: Rosen aus Papier bezogen sich auf Jesaja 11, wo von dem Reis aus der Wurzel Isais die Rede ist; das bekannte Weihnachtslied „Es ist ein Ros entsprungen" nimmt diese Tradition auf.
Das Lametta erinnerte an die Geschenke der Weisen aus dem Morgenland. Kerzen auf den Zweigen verkündeten Christus, das Licht in der Finsternis.

Der Weihnachtsbaum lädt mit seiner vielfältigen Symbolik zum Verweilen und Erzählen ein. Die Geschichte Gottes mit uns Menschen bringt er sichtbar zum Ausdruck.

Gestaltung der Festzeit in der Familie

Die Advents- und Weihnachtszeit wird durch zwei widersprüchliche Aspekte geprägt: Einerseits werden Zeit für Besinnung, Bedürfnis nach Stille und familiäre Nähe betont sowie Traditionen und Rituale gepflegt; andererseits sorgen äußere Gegebenheiten dafür, dass ausgerechnet diese Zeit von Termindruck, sozialen Verpflichtungen und Einkaufsstress geprägt ist. Eltern und Kinder erleben, dass Wunsch und Wirklichkeit kaum vereinbar sind. Adventskranz und -kalender, Dekorationen und Feiern nehmen uns in das geheimnisvolle Warten auf das Christfest hinein – doch durch die vorweihnachtlichen Verpflichtungen bleibt die Botschaft von der Freude oft auf der Strecke. Erwartet werden glückliche Kinderaugen, passende Geschenke für jeden, Harmonie und einträchtige Verwandtenbesuche. Doch bei dieser Fülle von Erwartungen sind Enttäuschungen und Stimmungsgewitter beinahe vorprogrammiert. Guter Rat ist vonnöten, und die Familie wird sich fragen:

- An welchen Tagen im Advent lässt sich ein Beisammensein einrichten und wie soll es gestaltet werden?
- Wollen wir gemeinsam basteln und backen?
- Wie wollen wir Weihnachten feiern: im engsten Familienkreis, mit einer anderen Familie, mit Verwandten, mit Freunden, mit allein stehenden Bekannten, ...?
- Wie wollen wir es mit Geschenken halten?
- Sind alle mit unseren Plänen zufrieden: die Kleinsten, die Eltern, die Ältesten, ...?

Die Ergebnisse des Familienrats sind Leitlinien für die Festzeit: Gemeinsame Stunden der Ruhe und Besinnung dürfen nicht durch kurzfristig eingeräumte Termine verdrängt werden. Es wird dafür gesorgt, dass alle – vom Krabbelkind bis zu den Großeltern – zu ihrem Recht kommen und dass sich die Aufgaben gleichmäßig verteilen.

Da sich Kinder an festgelegten Abläufen und Ritualen orientieren, ist es wichtig, einen eigenen Festritus zu entwickeln. Die scheinbaren Äußerlichkeiten des Festes wie Wohnungsdekoration, Musizieren, Weihnachtsbäckerei haben zutiefst mit der Botschaft dieses Festes zu tun. Gott wird Mensch, ein Mensch zum Anfassen. Seine Liebe ist „sinnlich“: Sie ist spürbar, sie ist zu schmecken, zu sehen, zu hören. Weihnachten will mit Seele, Geist und Körper erlebt werden.

Hilfreiche Elemente der Festzeit

Adventskranz

Dekorieren wir den Adventskranz gemeinsam und erzählen dabei von der Symbolik und der Tradition des Kranzbindens, so bringen wir den Kindern die Bedeutung des Advents näher. Jeder „flicht“ sich ein, ist an der Gestaltung des Liebes- und Siegeskranzes beteiligt. Auch das Einflechten von Gedanken an Menschen, die allein sind oder Not haben, bleibt in Erinnerung. Wenn wir die Kerzen anzünden, können wir über die Themen der vier Adventssonntage nachdenken: Matthäus 21,1-9 Der Einzug Jesu in Jerusalem (Lied: Macht hoch die Tür); Lukas 21,25-33 Das Kommen des Menschensohnes (Lied: Oh Heiland, reiß die Himmel auf); Matthäus 11,2-6 Johannes der Täufer (Lied: Bereitet doch fein tüchtig den Weg dem großen Gast); Lukas 1,46-55 Der Lobgesang der Maria (Lied: Ein Lied hat die Freude sich ausgedacht).

Advents- und Weihnachtslieder

Das Musizieren gehört zu den Riten dieser Festzeit. Singend prägen sich Inhalte tiefer ein, Geschichten werden durch eine Melodie ausgelegt und berühren das Herz. Wie von selbst entsteht unter den Musizierenden eine Einheit und Einigkeit, alle sind gleichberechtigt und gleich bedeutsam. Fehlt es an eigener Musikalität oder am Mut, die Kinder zum Singen zu motivieren, gelingt es vielleicht mit Freunden, die hier Übung haben. Das Singen kann durch Geschichten, Anekdoten, Lachen und Essen unterbrochen werden. Es gibt keine kritischen Zuhörer.

Weihnachtsbastelei, Weihnachtsgebäck

Sehen, fühlen, riechen, schmecken – Weihnachten ist ein ganzheitliches Erlebnis. Dabei sind viele Spielarten denkbar: backen oder basteln mit Kindern, mit Freunden, im Geheimen (um nette Menschen zu überraschen), für den Weihnachtsmarkt (zur Unterstützung eines sozialen Projekts) usw. Nur nicht zu viel des Guten ... Wenn uns die Aktivitäten erdrücken, wird uns der Raum zu eng. Wir brauchen Zeit, um die Liebe Gottes zu empfangen und um anderen gute Gedanken zu schenken. Vielleicht sehnen sich manche danach, aus belastenden Gewohnheiten und Erwartungen auszubrechen, nichts zu unternehmen, was mit adventlicher Vorfreude zu tun hat: In einem „Sabbatjahr“ wird dann bewusst das Backen und Basteln anderen überlassen, um neue Schwerpunkte zu setzen.

Weihnachtsbaum

Ob in der Wohnung ein Baum aufgestellt oder ein Strauß aus Tannenzweigen geschmückt wird: Mit beidem entfaltet sich die Bedeutung der Symbole; beides ergibt die Möglichkeit, zu erzählen und die Zeichen zu erklären. So ist die weihnachtliche Dekoration ein Ausdruck des persönlichen Geschmacks, aber auch ein Verkündigungsmittel für die Weihnachtsbotschaft. Die Familie stellt den Baum auf und macht schon aus dem gemeinsamen Schmücken eine Feier (siehe Vorschlag Seite 37–39: Der Weihnachtsbaum als Hoffnungsbaum).

Geschenke

Wir alle erinnern uns wohl an Weihnachtsfeste, an denen wir über ein bestimmtes Geschenk selig waren. Vielleicht sind uns auch Feste im Gedächtnis geblieben, bei denen Geschenke unwichtig waren oder sogar zu Ärger und Streit führten. Mit zunehmendem Alter werden Kinder sensibel für das Thema. Sie nehmen es nicht mehr hin, dass Geschenke Ausdruck der Freude über Jesu Geburt sind. Sie kritisieren den Überfluss oder die Einfallslosigkeit. Kommen solche Fragen auf, ist es Zeit, ein neues Familienritual zu entwickeln. Der Familienrat kann festlegen, dass ein bestimmtes Preisniveau nicht überschritten wird; nur Kleinigkeiten oder Basteleien werden geschenkt; der Betrag, der vom Familienbudget übrig bleibt, wird bedürftigen Menschen gegeben. Viele Spielarten lassen sich austüfteln, um das Schenken wieder mit Liebe zu füllen.

Weihnachten – Familienfeier oder offenes Fest?

Wir sinnen über die Bedeutung des Weihnachtsfests nach … Nein, es ist gewiss kein romantisches Familienfest. Wir feiern die grenzenlose Liebe Gottes, die unsere eigenen Grenzen sprengt! Sollte das nicht auch dazu anregen, die traditionelle Gestaltung der Feier zu überdenken und neue Formen zu finden? Familienfeier und offenes Fest markieren dabei zwei Pole. Lassen wir uns von Gott mit Fantasie und Kreativität inspirieren, um seine grenzenlose Liebe wenigstens ein wenig über unsere Grenzen hinaus auszubreiten. Wir werden erfahren, dass auch wir empfänglich werden für die Zuwendung anderer Menschen.

Zwei Lieder illustrieren dies:

„Meine kleine Harfe spielt ein Lied zur Nacht,
meine kleine Harfe spielt, was Freude macht.

Unterm Sternenhimmel leise weht der Wind,
unterm Sternenhimmel liegt ein kleines Kind!

Meine kleine Harfe spielt dem Kind ein Lied,
denn die Weihnachtsfreude auch bei uns einzieht."

(Unser Kinderliederbuch 121)

„Alle schauen auf das große Tor, denn wenn er kommt, dann kommt er sicher hier.
Nur die Dummen und die Armen stehn verloren an der Hintertür.
Große Leute gehn durchs große Tor, sehn keine kleinen Leute mehr.
Gott kommt nicht zur Welt durchs große Tor – durch die Hintertür kommt er."

(Unser Kinderliederbuch 127)

Der Weihnachtsbaum als Hoffnungsbaum

Das Aufstellen des Weihnachtsbaumes kann in der Familie gefeiert werden – ein schönes Miteinander!

*Der **Baum** wird aufgestellt.*

Lied: O Tannenbaum (Unser Kinderliederbuch 256)

*Die **Krippe** wird unter den Weihnachtsbaum gestellt.*
Der grüne Baum – unser Hoffnungsbaum!
Wir bringen die Krippe.
Unsere Welt hat viele Zentralen, wo Geld und Ruhm und Macht regieren.
Aber Leben und Freude, Sinn und Glück gehen nur von diesem Ort aus.
Deshalb bringen wir dieses Hoffnungszeichen.

*Mit **Kerzen** wird der Weihnachtsbaum geschmückt.*
Der grüne Baum – unser Hoffnungsbaum!
Vieles in unserer Welt ist dunkel und kalt und macht uns traurig.
Wir bringen helle Kerzen.
Dunkelheit und Kälte müssen ein Ende haben.
Wir sollen dazu beitragen.
Vom Kind in der Krippe strahlt Licht und Freude in unsere Welt.
Deshalb bringen wir diese Hoffnungszeichen.

*Mit **Obst und Gebäck** (Äpfeln, Lebkuchen o. Ä.) wird der Weihnachtbaum dekoriert.*
Der grüne Baum – unser Hoffnungsbaum!
Viele Menschen in unserer Welt sind hungrig und durstig.
Wir bringen Obst und Gebäck.
Hunger, Durst und alle Not müssen ein Ende haben.
Wir sollen dazu beitragen.
Vom Kind in der Krippe geht Leben für alle Menschen aus.
Deshalb bringen wir diese Hoffnungszeichen.

*Mit **Sternen** den Weihnachtsbaum verzieren.*
Der grüne Baum – unser Hoffnungsbaum!
Unsere Welt ist nicht in Ordnung.
Vielen fehlt die Orientierung.
Wir bringen Sterne.

Ziel und Wege, der Sinn im Leben, das muss deutlich werden.
Das Kind in der Krippe zeigt uns den Weg, den wir gehen sollen.
Deshalb bringen wir diese Hoffnungszeichen.

***Kugeln** an den Weihnachtsbaum hängen.*
Der grüne Baum – unser Hoffnungsbaum!
Unsere Welt ist unvollkommen.
Wir bringen Kugeln als Zeichen der Vollkommenheit.
Unvollkommenheit und Versagen, Fehler und Vergänglichkeit bestimmen unsere Welt.
Die Kugeln weisen auf die Vollkommenheit Gottes hin.
Deshalb bringen wir diese Hoffnungszeichen.

*Mit **Glocken** den Weihnachtsbaum zum Klingen bringen.*
Der grüne Baum – unser Hoffnungsbaum!
Unsere Welt sehnt sich nach Frieden.
Frieden in der Familie, Frieden in der Welt.
Wir bringen Glocken als Zeichen für den Frieden.
Wir bitten das Kind in der Krippe:
Herr, mache uns zu Werkzeugen deines Friedens.
Deshalb bringen wir diese Hoffnungszeichen.

Lied: Fröhliche Weihnacht (Unser Kinderliederbuch 110)

Ein Familienmitglied erzählt die Weihnachtsgeschichte nach Lukas 2,1-20

Gebet

Gemeinsames Essen, Singen, Erzählen, Lachen

(Zusammengestellt nach einer Vorlage von Norbert Böhringer)

Cornelia Trick

Ostern feiern in der Familie

Zum Osterfest werden zwar Schokoladenhasen und Bastelanleitungen für österlichen Schmuck angeboten – auf der Suche nach Material zum Gestalten der Passionszeit findet man jedoch nur spärliche Hilfe. Und während uns in den Vorweihnachtswochen Ideen in Hülle und Fülle präsentiert werden, verwöhnt man uns nicht mit Anregungen für die Passionszeit.
Ich glaube, diese Tatsache hat unmittelbar mit dem Ursprung der beiden Festkreise zu tun. Weihnachten gilt als das Fest der Freude und der Liebe. Die Geschichte von der Geburt Jesu im Stall ist anrührend und gerade für Kinder anschaulich und schön. Mit der Botschaft von Kreuz und Auferstehung tun sich schon viele Erwachsene schwer. Wie soll sie dann erst den Kindern vermittelt werden? Mit den Ostergeschichten selbst kommen wir ja noch zurecht – aber Jesu Leiden und Tod? Darf man Kindern von so grausamen Ereignissen erzählen?

Mit Kindern über Kreuz und Auferstehung reden

Ich habe mehrfach Auseinandersetzungen erlebt, ob mit Kindern über den Kreuzestod Jesu gesprochen werden sollte oder nicht. Manche halten es für unumgänglich, weil es ihre Glaubensgewissheit ist, dass nur durch Jesu Tod am Kreuz die Kluft der Schuld zwischen Gott und den Menschen überbrückt werden konnte.
Andere Christen dagegen möchten den Kindern keinen grausamen, sondern liebenden Gott nahe bringen; und sie machen sich Sorgen, ob gerade kleinere Kinder eine so furchtbare Geschichte ertragen.

Kreuz und Auferstehung gehören theologisch untrennbar zusammen. Wer von Auferstehung redet, muss vom vorausgegangenen Tod sprechen. Die Frage lautet für mich also nicht: „Können/dürfen wir mit Kindern über Jesu Tod am Kreuz sprechen?“, sondern: „Wie können wir mit Kindern über Jesu Tod am Kreuz sprechen?“

- Wir dürfen nicht beim Tod Jesu aufhören. Auch bei den Passionsgeschichten gehört als Hintergrund dazu: Gott war bei Jesus, er hat ihn nicht im Stich gelassen. Gottes Liebe und Kraft waren am Ende stärker als alles Leid und der Tod.
- Wir müssen den Kindern nicht alle grausamen Einzelheiten des Leidens Jesu erzählen und sie müssen nicht alle theologischen Facetten des Kreuzestodes verstehen (das tun die Erwachsenen auch nicht!).

Ich meine, dass wir inhaltlich nur das weitergeben können, was wir für uns persönlich durchbuchstabiert und verstanden haben. Wir müssen auswählen und entscheiden, welche Glaubensinhalte wir unseren Kindern zu welchem Zeitpunkt behutsam nahe bringen.

Wichtig scheint mir der Mut zur Lücke und zu einer „vorläufigen Einseitigkeit“. Im Lauf der Zeit werden sich die Vorstellungen abrunden und zusammenfügen.

Ich persönlich rede mit meinem vierjährigen Sohn nicht von Schuld und Vergebung, wenn es um Tod und Auferstehung Jesu geht. Ich erzähle ihm, dass etliche Menschen wütend wurden, weil Jesus alle Menschen lieb hatte, ihnen von Gott erzählte und ihnen half. Diese Menschen erreichten es schließlich, dass Jesus bestraft wurde und am Kreuz sterben musste. Aber Gott ist stärker als alles, was die Menschen tun können, sogar mächtiger als der Tod: Gott hat Jesus wieder lebendig gemacht. Jesus lebt, auch wenn wir ihn nicht sehen können. Er ist unser bester Freund. Er ist immer bei uns.

Je nach Alter und Entwicklungsstand fangen die Kinder an, Fragen zu stellen und sich mit ihren Vorstellungen auseinander zu setzen. Ich versuche dann möglichst offen zu erklären, was ich weiß, muss aber auch eingestehen, dass ich selbst manches nicht oder nur schwer verstehen kann.

Mit Kindern die Passions- und Osterzeit gestalten

„Osterkrippe“

In vielen Familien werden zur Weihnachtszeit die Ereignisse um Jesu Geburt mit Krippenfiguren nachgestellt. Ähnliches bietet sich in der Passions- und Osterzeit an. Folgende Gestaltungsmöglichkeiten kann ich mir vorstellen:
Wir füllen einen großen Karton oder eine leere Schublade mit Sand. Mit Zweigen, Steinen, Papier u. a. werden Jerusalem, der Garten Gethsemane, Golgatha, das Felsengrab, Emmaus, ... dargestellt. Die Figuren werden selbst gebastelt; auch vorhandene Spielfiguren aus der Legokiste können verwendet werden.

Je nach Alter der Kinder spielen wir einzelne Passions- und Ostergeschichten nach. Am Ostersonntag wird die „Krippe“ mit frisch gepflückten Blumen, Blättern, Gräsern u. Ä. als Symbol der Auferstehung geschmückt.

Osterkrone (eher für ältere Kinder geeignet)

Material: zweifarbige Pappe (eine Seite schwarz, eine Seite weiß) oder Tonkarton in Schwarz und Weiß, verschiedene Papiere, Bunt- oder Filzstifte, Kleber, Schere, alte Zeitschriften, Briefverschlussklammern.

1. Zunächst wird aus der Pappe eine Krone in beliebiger Größe ausgeschnitten (evtl. mehrere Pappen dafür verwenden). Wird Tonkarton verwendet: je eine weiße und eine schwarze Krone herstellen, die dann zusammengeklebt oder -geheftet werden. Achtung: Die Krone bleibt zunächst offen. Sie wird später mithilfe der Briefverschlussklammern geschlossen, damit sie gewendet werden kann.
2. Gestaltung der dunklen Seite (Passion): Szenen der Leidensgeschichte werden gemalt und geklebt. Aus Zeitschriften können Bilder ausgeschnitten und aufgeklebt werden: Bilder, die Hass, Zerstörung, Krieg, Leid, Tod zeigen. Ein Dornenband aus Papier oder echten Ranken kann sich über die ganze schwarze Seite als Symbol für die Dornenkrone ziehen.
3. Gestaltung der hellen Seite (Ostern): Szenen aus den Ostergeschichten werden gestaltet. Wir suchen Bilder in Zeitschriften oder malen Szenen, die unsere Kinder an Ostern erinnern: Sonne, Kerze/Feuer, Blumen, tanzende Kinder. Wer mag, kann auf die helle Seite schreiben: „Halleluja“, „Jesus lebt“, „Er ist auferstanden“.
4. Wir lochen die fertige Krone an beiden Enden (je nach Größe 2–4 Löcher) und schließen sie mit Briefverschlussklammern. Es wird mehrere Tage oder Wochen dauern, bis die Krone fertig

ist. Die kreative Arbeit regt zu einer intensiven Beschäftigung mit Passion und Ostern an. Während der restlichen Passionszeit wird die Krone mit der schwarzen Seite nach außen aufgestellt. Am Ostersonntag wird dann die weiße Seite nach außen gewendet. In die Mitte kann eine Kerze gestellt werden.
Die Osterkrone versinnbildlicht eindrücklich, dass Kreuz und Auferstehung untrennbar zusammengehören.

Fastenzeit

In der kirchlichen Tradition war die Passionszeit eine Fastenzeit (in der katholischen Kirche wird die Zeit vor Ostern bis heute so genannt). Die Menschen fasteten zur gebührenden Vorbereitung des Osterfestes, zur geistlichen Einkehr und zur Erinnerung an die Leiden Christi. Im evangelischen Bereich lebt der Brauch des Fastens während der Passionszeit seit einigen Jahren durch die Aktion „Lohnender Verzicht" wieder auf: Sieben Wochen lang wird auf lieb gewordene Genussmittel oder Gewohnheiten verzichtet, z. B. auf Alkohol, Tabak, Süßigkeiten, Fernsehen, ...
Verzicht bedeutet Solidarität mit denen, die sich keinen Luxus leisten können; Solidarität mit Menschen, die mit Süchten kämpfen und deshalb z. B. auf Alkohol verzichten müssen. Verzichten können heißt aber auch, nicht abhängig zu sein von Genüssen, Dingen oder Gewohnheiten. Der gewonnene Spielraum eröffnet neue Chancen:

- Stunden, die man sonst vor dem Fernseher verbringt, werden in eine Zeit mit Gott umgestaltet oder für Gespräche und zum Spielen mit der Familie verwendet.
- Geld, das für Genussmittel ausgegeben würde, wird als Spende für einen wohltätigen Zweck beiseite gelegt.

In einer Familie mit größeren Kindern könnte über das Thema Fasten und Verzicht gesprochen werden.

Die Kinder sollten sich allerdings nicht zu viel vornehmen; statt sieben Wochen vor Ostern kann mit dem Verzicht auch vier, zwei oder sogar nur eine Woche vor Ostern angefangen werden. Man kann notieren (und den Zettel für alle sichtbar aufhängen), wer worauf verzichten möchte. Die Familienmitglieder tauschen regelmäßig ihre Erfahrungen aus. Als Ausgleich („lohnender Verzicht“) wird bewusst mehr gemeinsam gestaltete Zeit eingeplant.
Alternative (auch für kleinere Kinder geeignet): Während der Fastenzeit gibt es einmal pro Woche ein ganz einfaches, preiswertes Mittagessen, z. B. Suppe und Brot. Das dadurch eingesparte Geld wird an „Brot für die Welt“ oder eine vergleichbare Institution gespendet.

Osterkerze

Das Licht ist ein zentrales Ostersymbol: Die biblischen Erzählungen vom Ostertag spielen am frühen Morgen, zur Zeit des Sonnenaufgangs. Licht ist ein Symbol des Lebens. In der katholischen Kirche gibt es die Tradition der Osterkerzen. Sie werden am Karsamstag geweiht und 40 Tage lang bis zum Himmelfahrtsfest angezündet.
So gestalten wir eine Osterkerze:
Material: eine dicke, lange weiße Kerze, Wachsplatten in verschiedenen Farben (im Bastelgeschäft erhältlich).
Aus den bunten Wachsplatten werden Symbole geschnitten, die die Kinder mit Ostern verbinden (z. B. Osterkrone), und auf die Kerze geklebt. In der Zeit zwischen Ostersonntag und Himmelfahrt wird die Kerze jeden Tag zu einem bestimmten Zeitpunkt angezündet (am besten während einer festen Mahlzeit).

Woher kommt eigentlich der Osterhase? – Osterbräuche

Der Osterhase

Im Frühjahr vermehren sich die Hasen „wie die Karnickel". Hasen gelten daher von alters her als Sinnbild für Fruchtbarkeit und neues Leben. Traditionell gab es zu Ostern Hasenbraten. Gegen Ende des 17. Jahrhunderts entstand im Elsass und in der Pfalz die Vorstellung, dass der Osterhase die Ostereier lege und sie verstecke, damit die Kinder sie suchen könnten. Erst in der Mitte des 19. Jahrhunderts weitete sich das Brauchtum um den Osterhasen im gesamten deutschsprachigen Raum aus. Dazu trugen der Einfluss von Bilderbuch-Geschichten und die Entstehung der Schokoladenmanufakturen bei.

Die Ostereier

Aus Eiern entsteht neues Leben. Es bot sich daher an, dass das Ei zu einem wesentlichen Symbol des christlichen Osterfests wurde: Aus dem Ei wird ein Küken – der Gekreuzigte wird zum Auferstandenen.

Überdies geht die Verknüpfung von Ei und Ostern auf ein Gesetz aus dem frühen Mittelalter zurück: Der Pachtzins für Grund und Boden musste in Form von Eiern, so genannten „Zinseiern", entrichtet werden. Abgabetermin war Ostern. Zusätzlich wurden Eier von frommen Leuten an die Kirche gespendet oder von der Kirche als Kollekte erbeten. Es entstand der Brauch, zu Ostern Eier zu verschenken.

Seit dem 13. Jahrhundert sind bemalte Eier bekannt. Seit dem 17. Jahrhundert hat der Brauch, Eier zu bemalen und teilweise kostbar zu verzieren, allgemeine Verbreitung gefunden.

Das Osterlamm

Osterlämmer gehören heute vor allem zum kulinarischen Teil des Osterfests: Sie werden als Braten, salziges oder süßes Backwerk genossen.
Das Symbol des Lammes stammt aus der biblischen Tradition. Die Juden kennen das Passahlamm. In Erinnerung an den Auszug aus Ägypten wurde beim Passahfest ein Lamm geopfert. In der christlichen Tradition gilt Jesus Christus sowohl als das vollkommene Opferlamm als auch – vor allem in der Offenbarung des Johannes – als das in den Himmel erhöhte und herrschende Lamm.

Das Osterfeuer

In einigen Gegenden werden in der Nacht zum Ostersonntag große Feuer entzündet. Sie sollen den Sieg des Lichtes über die Finsternis darstellen: den Sieg des Auferstandenen über den Tod, den Sieg des Guten über das Böse.

Einige praktische Ideen …

… zum Basteln

Eiermobile
Material: Papier, Schere, Buntstifte oder andere Farben, Nähnadel, Bindfaden.
Aus Papier werden vier (oder mehr) Eier in verschiedenen Größen ausgeschnitten und auf beiden Seiten bunt bemalt. Mithilfe einer Nadel und eines Bindfadens werden die Eier der Größe nach aneinander geknotet (das Kleinste oben) – fertig ist das kleine Mobile.

Bunt bemalte Kresse-Eier
Material: Eier, Plakafarben, Pinsel, Tonpapierreste o. Ä., Schere, Kleber, Watte, Kressesamen, Klarsichtfolie.
Eier vorsichtig aufschlagen und in eine Schüssel geben. Die Hälften der Eierschale mit lauwarmem Wasser ausspülen, trocknen und bunt bemalen. Aus Tonpapier oder Pappe Streifen von 12 cm Länge und 2,5 cm Breite ausschneiden, ringförmig zusammenkleben und die bemalten Eihälften hineinsetzen. Die Eihälften mit Watte füllen und befeuchten. Kressesamen darauf streuen und mit Klarsichtfolie abdecken. An einen hellen, warmen Ort stellen und täglich etwas frisches Wasser darüber tröpfeln. Sobald die ersten grünen Blättchen sichtbar werden, Folie entfernen. Nach ca. 4 Tagen sind die Kresse-Eier fertig.

Eierkranz
Material: 6 ausgeblasene Eier, Hobbyfarben, ein Stück fester Draht, Seidenband, Buchsbaumzweige.
Die Eier bemalen und trocknen lassen. Auf den Draht auffädeln und zu einem Kranz biegen (zwischen den Eiern jeweils ein Stück Draht sichtbar lassen). Die Buchsbaumzweige mit farblich passendem Seidenband zwischen den Eiern befestigen und das Band oben zu einer Schleife binden.

... zum Spielen

Eier weitergeben
Die Kinder werden in zwei Gruppen geteilt. Jedes Kind bekommt einen Löffel (je älter die Kinder, desto kleiner die Löffel). Nun muss ein hart gekochtes Ei möglichst schnell von Löffel zu Löffel weitergegeben werden.

Eier rollen
An einem sanften Hang lassen die Kinder ihre Ostereier rollen

und laufen hinterher. Gewonnen hat das Kind, dessen Ei am weitesten gerollt ist.

Eier als Wurfziel
Ein Kind hält ein hart gekochtes Ei zwischen Daumen und Zeigefinger. Ein anderes wirft aus angemessener Entfernung eine Münze oder einen anderen kleinen Gegenstand und versucht das Ei zu treffen. Gelingt es, bekommt es das Ei und darf es nun seinerseits für das nächste Kind halten.

Wortspiel mit „Ei"
Ein Ei wird reihum weitergegeben. Jedes Kind nennt eine Wortverbindung mit „Ei" (Eierschale, Rührei, Eidotter, ...). Wem kein Wort einfällt, muss als „faules Ei" in die Mitte.

Kikeriki
Einige Kinder spielen „Hähne" (mit den Händen auf dem Kopf einen Kamm bilden) und gehen vor die Tür. Die anderen verstecken ein buntes Ei, jedoch sollte noch etwas davon zu sehen sein. Die „Hähne" müssen nun auf die Suche gehen. Wer das Ei entdeckt hat, ruft „Kikeriki" und setzt sich.

... zum Backen

Osterkranz
Zutaten: 1 kg Mehl, 1 Würfel (42 g) Hefe, ½ Liter Milch, 2 Prisen Salz, 200 g Butter, 4 Eier, Schale einer großen unbehandelten Zitrone; für die Glasur: Zitronensaft, Puderzucker.
Aus den Zutaten einen Hefeteig herstellen und gehen lassen. Aus dem Teig drei lange Stränge formen. Die Stränge nebeneinander legen und von der Mitte aus zu den Enden hin einen Zopf flechten. Den Zopf kranzförmig auf ein gefettetes Blech legen. Eine gefettete Blechbüchse in die Mitte des Kranzes stel-

len. Noch einmal kurz gehen lassen und bei guter Hitze etwa 35–45 Minuten backen.
Glasieren: Eine Tasse Puderzucker mit dem Saft einer Zitrone glatt rühren und mit einem Pinsel auf den noch warmen Kranz streichen.
Besonders dekorativ wirkt der Kranz, wenn die Mitte mit bunten Eiern geschmückt wird.

Irene Kraft

Verwendete und empfohlene Literatur:
Emmanuela Düsseldorfer (Hrsg.), Das neue Bastelbuch für Kinder, Niedernhausen/Ts. 1994
R. Seitz/H. Summerer (Hrsg.), Kann man Gott malen?, München 1978
Herbert Vincon, Die Feste des Christentums, Gütersloh 1997
was+wie? Arbeitshilfen zur religiösen Früherziehung der 3- bis 7-jährigen, Heft 1/1995

Kindergeburtstag – ein Ideen-Mix für die Party

Die 1. Kiste voller Tipps

Noch drei Mal schlafen ..., noch zwei Mal schlafen ..., noch ein Mal ...
Heute hab ich Geburtstag, heute stehe ich im Mittelpunkt, heute gibt's Geschenke. Jetzt bin ich schon ... Jahre alt.
Erinnern Sie sich: Der Geburtstag war in unserer Kindheit einer der Höhepunkte im Jahr, zu dem natürlich auch die Freundinnen und Freunde gehörten. Lieblingsessen, Kaffeetrinken, Spiele und viel Spaß machten aus dem Tag ein Fest, das uns in Erinnerung blieb. Bewährt war eine Mischung aus Bekanntem und Neuem. Das Vertraute gab uns Sicherheit; neue Spiele nahmen wir gerne an.
Und heute? In einer Zeit, in der durch vielerlei Angebote und Medien der Familiensinn leicht in den Hintergrund gerät, ist es umso wichtiger, besondere Familienanlässe zu Glanzpunkten im Jahr zu machen. Wenn die Kinder in die Vorbereitung einbezogen werden und die Planung rechtzeitig beginnt, kommt Stress (fast) gar nicht auf.

Nützliche Hinweise und Tricks

- Die theoretische und praktische Vorbereitung sollte rechtzeitig beginnen.
- Immer stellen wir den „großen Tag" unter ein Thema, z. B. Gespenster-, Wasser-, Luftballonfest.
- Durch einfaches Schmücken mit Bettlaken, Tüchern, großen

Wasserfarbenbildern, Luftballons usw. kann ein zusätzlicher Effekt erzielt werden, der zu einem schönen eindrucksvollen Rahmen verhilft.

- Ist ein Kleinkind im Haus, freuen sich vielleicht die Großeltern oder nette Nachbarn, wenn sie babysitten dürfen. Bei großem Altersunterschied der Kinder sollte das ältere Kind als Assistent beteiligt werden, z. B. bei der Vorstellung des Kaspertheaters, damit es sich nicht benachteiligt fühlt oder den Störenfried spielt.
- Keine Hektik! Kein übertriebener Perfektionismus! Wir freuen uns ruhig auf das, was kommt.
- Die Zahl der Gäste richtet sich meistens nach dem Alter des Geburtstagskindes.
- Das Fest ist zeitlich begrenzt (bei jüngeren Kindern reichen 2 ½ Stunden).
- Abwechslung tut gut: Auf ein lebhaftes Spiel sollte ein ruhiges folgen. Spiele, bei denen Gemeinschaftssinn gefragt ist, wechseln mit Wettkämpfen, nach Sportspielen eignen sich Denkspiele.
- Die Planung sollte flexibel sein, damit man auf die momentanen Bedürfnisse der Kinder eingehen kann. Insofern ist es günstig, lieber zu viel als zu wenig Programmpunkte vorzubereiten.
- Schön ist es, wenn die Kinder ein selbst gebasteltes Andenken mit nach Hause nehmen können.
- Als gemeinsamer ruhiger Schlusspunkt bieten sich Kaspertheater oder eine Vorlesegeschichte an.
- Für einen Notfall die entsprechende Telefonnummer parat haben.
- Zum „Kaffeetrinken“ sind einfache, aber wirkungsvoll dekorierte Kuchen beliebt.
- Zum Abendessen gibt es Käse und Gurkenscheiben, die mit Ausstechern in Form gebracht werden. Die so gestylten Butterbrötchen sind garantiert ein Augenschmaus.

– Die Mitbringsel der Gäste sollten nicht übertrieben sein (Straßenkreide, Springseil, Knete, Faltblätter, Buch, ...).

Das Puppenfest

Alter: 4–5 Jahre
Dauer: ca. 2 ½ Stunden
Raumschmuck: Wasserfarbenbilder mit „Männchen"
Einladung: Pappkreis ausschneiden und Gesicht aufmalen. Aus drei Pfeifenputzern einen Zopf flechten und aufkleben. Den Einladungstext auf die Rückseite schreiben. Jeder bringt seine Lieblingspuppe oder sein Lieblingskuscheltier mit.
Kaffeetrinken: Puppenplätzchen; Hefeteig-Puppenköpfe wie die Einladung verzieren; als Puppenkuchen einen Rührteig auf großem Blech backen, eine Puppenform ausschneiden und mit Obst belegen. Für die Puppen wird ein spezieller Kaffeetisch gedeckt.

Spiele:

- *Kniereiterverse* wie „Hoppe, hoppe Reiter“, „Brüderlein, komm tanz mit mir“ mit den Puppen spielen.
- *Erzählen:* Name und Alter der Puppe, ihr Lieblingsessen, ihre Lieblingsspiele; Gespräch auf das Thema Spielplatz lenken, denn ...
- ... wir bauen jetzt einen *Puppenspielplatz:* Ein Brett wird zur Rutsche oder Wippe; Karussellfahren im Spielkreis (Puppe/Kind, Puppe/Kind, ... – wir fahren langsam, dann immer schneller).
- *Topfschlagen*
- *Puppen-/Bärenbootsfahrt:* Schuhkartons mit Schnur und Aufwickelstab – welches Kind hat seine Puppe/seinen Bär zuerst durch Aufwickeln über das „Wasser“ gezogen?
- *Genaues Beobachten:* Welche Puppe fehlt?
- *Puppen-Perlenkettchen* auffädeln (stumpfe Nadeln mit Gummifaden vorbereiten).
- Die Puppen kaufen im *Puppenkaufladen* ein.

Abendessen: Puppenbrötchen (Partybrötchen).

Schluss: Geschichte mit Figuren vorspielen, Bilderbuch vorlesen, Kaspertheater o. Ä.

Das Luftballonfest

Alter: beliebig

Dauer: ca. 3 Stunden

Raumschmuck: Luftballonketten im Zimmer aufhängen; Haustür dekorieren

Einladung: Aufgerolltes Brieflein in einen Luftballon stecken und dazu eine Murmel, einen kleinen Edelstein o. Ä.

Kaffeetrinken: Luftballonkuchen: Rührteig aufs Blech streichen; nach dem Backen eine Luftballonform ausschneiden, mit Schokoglasur überziehen, mit Gummibärchen und Nüssen verzieren.

Spiele:
- Einige Luftballons aufblasen und in die Luft werfen. Kein Ballon darf den Boden berühren (Variation: nur mit dem Kopf oder mit den Füßen schießen).
- Jedes Kind bekommt einen Ballon ans Bein gebunden. Jeder spielt gegen jeden und versucht den Ballon des anderen zum Platzen zu bringen.
- 2 Gruppen; die Kinder versuchen paarweise, einen Ballon Stirn an Stirn zu tragen. Welche Gruppe ist zuerst fertig?
- 2 Gruppen; Luftballon zwischen die Knie klemmen und um die Wette laufen.
- 2 Gruppen; einer nach dem anderen setzt sich auf seinen Ballon und bringt ihn zum Platzen.
- Verblüffender *Zaubertrick:* Ein Luftballon wird an einer oder zwei Stellen mit einem Stück Klebstreifen versehen; sticht man mit einer Nadel gerade dort ein, zerplatzt der Ballon nicht (vorher ausprobieren!).

Basteln von Heißluftballons: Aus Tonpapier 3 Ballons in gleicher Größe ausschneiden (ca. 16 × 12 cm), jeweils längs knicken und sternförmig am Knick aneinander nähen oder kleben. Mit Fäden ein Körbchen befestigen; Besatzung aus Knetwachs (z. B. von Stockmar) modellieren und auf Wolle oder Watte ins Körbchen setzen.

Besonderes: Gasluftballons steigen lassen, wenn Möglichkeit dazu besteht.

Das Zirkusfest

Alter: beliebig
Dauer: ca. 3 Stunden
Raumschmuck: Zirkusatmosphäre schaffen, z. B. durch aufgehängte Tücher, Fahnen, Girlanden; Stuhlkreis als Arena
Einladung: Rechteckiges Tonpapier (quer), obere Ecken zur

Mitte einknicken (Zeltform) und anmalen. Einladungstext innen. Eventuell Fähnchen an die Spitze kleben.

Kaffeetrinken: Runder Rührteig (= Zirkuszelt), verziert mit Gummibärchen (= Zuschauer). In die Mitte ein Holzstäbchen stecken, das von der Spitze hin zum Rand des Kuchens mit Fäden „verspannt“ wird. An die Verspannung Fähnchen aus bunten, dreieckig gefalteten Papierquadraten anbringen.

Vorbereitung: Requisiten wie Reifen, Bälle, Seile für die „Artisten“ und Schminkfarbe bereitlegen. Verkleidungsmaterial richten oder von den Gästen mitbringen lassen. Die Gäste können bereits in der Einladung gebeten werden, sich zu Hause eine Clownnummer oder ein Kunststück für die Abschlussvorstellung zu überlegen. Kann jemand jonglieren oder Einrad fahren?

Spiele:

– *Clownspiel im Kreis:* Ein Clown (auch mit Clownnase) versucht die anderen Kinder zum Lachen zu bringen. Wer zuerst lacht, wird zum Clown.
– *Tiere raten:* Ein Kind stellt pantomimisch ein Zirkustier vor, das von den anderen erraten werden muss.
– *Fütterung der Raubtiere:* Papp-Löwe mit ausgeschnittenem großem Maul vorbereiten. Hinter der Öffnung einen kleinen Sack oder eine stabile Tüte befestigen. Seitlich Schnüre zum Aufhängen anbringen. Wer trifft die meisten „Fleischstücke“ (z. B. Kastanien, kleine Bälle, geknüllte Zeitung) ins Maul?
– Zauberei, *„Stühle riechen“:* Der Zauberer geht vor die Tür; er wird nachher erraten, auf welchem der drei Stühle ein Zuschauer kurz gesessen hat. Nach der „Sitzprobe“ wird der Zauberer von seinem Gehilfen hereingerufen: Muss der erste Stuhl erraten werden, ruft der Gehilfe ein einziges Wort: „Herein!“; wenn es der zweite Stuhl ist, verwendet er zwei Wörter (z. B. „Bitte kommen!“) usw.

Basteln:

– Clownnase: Eierkartonteile ausschneiden und mit Wasserfarben oder Wachsstiften bemalen. Gummifaden befestigen.

- Clownbrille: Zwei bunte Pfeifenputzer werden entsprechend gebogen.
- Clownschleife: Drei Krepppapierstücke in verschiedener Größe und Farbe raffen und in der Mitte zusammenbinden.
- Tierbleistifte: Gepresste Wattekugeln nach Fantasie der Kinder verzieren und anmalen lassen, Haare (Wolle) ankleben und auf einen Bleistift stecken.

Abschlussvorstellung:
- Die Kinder schminken sich gegenseitig – macht riesigen Spaß!
- Mit den vorhandenen Requisiten die Kinder zum freien Vorspielen anregen; Vorbereitung in kleinen Gruppen.
- Das Geburtstagskind darf durch das Programm führen.
- Klatschen/Bravo-Rufe/Zugabe sind wohl selbstverständlich!

Abendessen: Heißes Würstchen im Brötchen, serviert im „Bauchladen" (aus flacher Schachtel) vom Würstchenhändler (mit Mütze aus weißem Krepppapier).

Anne Michelmann-Bischoff

Die 2. Kiste voller Tipps

Dias: Geschichten und Märchen betrachten, zu denen die Kinder selbst erzählen können. Selbst gestaltete Dias mit Ruß (von einer Kerze geschwärzt und mit einem Streichholz bemalt) sind eine nette Beschäftigung.
Fest mit Wettbewerb: In Mannschaften oder mit Einzelspielern; mit Vergabe von Punkten, die auf eine Tafel geschrieben oder mit selbsthaftenden Aufklebern auf das T-Shirt geklebt werden. Eine Preisverteilung ist selbstverständlich: Witzige Kleinigkeiten werden in einen Korb gelegt – der Sieger darf zuerst seinen Preis auswählen (dies wird von den Kindern gut akzeptiert).

Geburtstagskerzen zum Aufessen: Gefüllte Doppelkekse besorgen, darauf senkrecht ein Waffelröllchen und eine Mandel anbringen und alles mit Konfitüre „verkleben“.
Gemeinsame Aktionen beim Vorbereiten und Aufräumen können übrigens ein schönes Erlebnis für die Kinder sein!
Kostümfest: Die anwesenden Kinder denken sich ein Theaterstück aus und bringen Verkleidung mit (Achtung: schon in der Einladung darauf hinweisen!).
Plakat mit Spielvorschlägen aufhängen: Jedes Kind darf sich ein Spiel wünschen (Variation: Der Gewinner des vorangegangenen Spiels darf sich das nächste Spiel wünschen).
Schnitzeljagd: Die Kinder werden mit einem Aufgabenzettel losgeschickt: Sie müssen z. B. Straßennamen ausfindig machen, Sprüche oder Dinge von Plakaten oder Schaufenstern notieren, sich in einem Geschäft einen Stempel geben lassen. Danach gibt es eine Belohnung.
Tischtheater: Entsprechende Figuren bastelt jedes Kind aus Weinflasche und Luftballon; dieser wird mit Papier, Stoff- und Wollresten beklebt.
Vergessen Sie nicht, Ihr Kind zu fragen, wie es sich seine Geburtstagsfeier vorstellt. So bekommen Sie manchmal die besten Tipps für eine der Altersgruppe angemessene Gestaltung.

Steffi Colditz

Die 3. Kiste voller Tipps

Kinderparty mit dem Thema „Schatzsuche“

Ort: Dieses Fest sollte im Freien stattfinden.
Einladung: Wir besorgen Pergamentpapier (außen geflammt) und schreiben die Einladung in „Indianersprache“.

Basteln: Nach dem Kaffeetrinken bastelt jedes Kind einen Kopfschmuck aus Tonpapier und verziert ihn mit Federn.
Spiele:
- *Indianerquiz* mit Fragen zum Leben der Indianer.
- *Schatzsuche:* Schnitzeljagd mit thematisch passenden Wegmarkierungen. Wenn das Spiel mit größeren Kindern gespielt wird, muss bei jeder Station z. B. ein Buchstabe erraten werden. Diese Buchstaben ergeben schließlich ein Lösungswort, das für das Auffinden des Schatzes notwendig ist. Die Schatzkiste enthält die kleinen Preisgeschenke für die Kinder.

Abschluss des Festes: Am Lagerfeuer, für das die Kinder selbst das Holz sammeln, werden Würstchen gegrillt.

Inge Schuppert

Die 4. Kiste voller Tipps

Thema „Farben" – eine Geburtstagsfeier für 4-Jährige

Begrüßung der Gäste: Farbige Namensschilder werden verteilt.
Kaffeetrinken: Zu den Namensschildern gibt es passende Tischkärtchen.
Spiele:
- *Farben fangen:* Fangspiel, bei dem die Kinder eine Farbe nennen und sich hinsetzen können, wenn der Fänger in ihre Nähe kommt. Sitzen alle Kinder auf dem Boden, wird ein neuer Fänger bestimmt.
- *Rot, Gelb, Grün, Blau:* In jede Zimmerecke wird ein Tuch mit der entsprechenden Farbe gelegt. Auf lauten Zuruf einer Farbe rennen die Kinder in die entsprechende Ecke.
  Zur Abwechslung kann man verschiedene Bewegungsarten ausprobieren: krabbeln, auf einem Bein hüpfen usw.

- *„Herr Fischer, Herr Fischer, welche Fahne weht heute?“:* Das bekannte Spiel wird wie folgt verändert: Auf die oben genannte Frage antwortet der „Fischer“ mit einer Farbe. Die Kinder, die diese Farbe in ihrer Kleidung haben, dürfen nicht gefangen werden.
- *Bilderbuch vorlesen:* „Das kleine Blau und das kleine Gelb“.
- *Bild malen:* Die Kinder malen auf ein großes Plakat (z. B. aus zusammengeklebter Raufasertapete) gemeinsam einen siebenfarbigen Regenbogen: von außen nach innen Rot, Orange, Gelb, Grün, Blau, Indigoblau, Violett.

Thema „Pinguine“ – Kindergeburtstag für 4-Jährige

Begrüßung der Gäste: Namensschilder verteilen.
Kaffeetrinken
Spiellied: „Ein kleiner Pinguin steht einsam auf dem Eis“ von Frederik Vahle (in: Bernd Meyerholz, Wolfgang Hering, „Kinderlieder zum Einsteigen und Abfahren“). Die Kinder sitzen im Kreis. Ein Kind steht als einsamer Pinguin in der Mitte und spielt nach, was der Liedtext vorgibt. Nach und nach werden alle Kinder in das Spiel einbezogen. Nicht vergessen: Vorher überlegen, wer den Eisbär spielt!
Wettspiel: Jedes Kind erhält einen weißen, aufgeblasenen Luftballon (Pinguin-Ei). Zwei Kinder klemmen sich einen Luftballon zwischen die Beine und watscheln damit um die Wette.
Pinguine basteln: Für jedes Kind einen weißen Luftballon, schwarzes Tonpapier, schwarze Filzstifte, Schere und doppelseitiges Klebeband besorgen. – Vorbereitung: Die Luftballons aufblasen; Flügel, Schnäbel und Pinguinfüße auf dem Tonpapier vorzeichnen (mit Schablonen geht das leicht). – Durchführung: Die Kinder schneiden die vorgezeichneten Teile aus und kleben Flügel und Schnabel auf die Luftballons. Die Füße werden am Knoten des Luftballons befestigt, die Augen mit Filzstift gemalt.

Spiele mit den gebastelten Pinguinen:

- *Hüpfen auf Eisschollen:* Vorbereitete weiße Pappstücke werden im Zimmer verteilt. Mit dem Pinguinkind zwischen den Beinen muss jedes Kind nacheinander von einer Eisscholle zur nächsten hüpfen.
- *Hilfe, der Eisbär kommt:* Die erwachsenen Pinguine schwimmen im Wasser. Die Jungen (gebastelte Pinguine) hocken auf den Eisschollen. Plötzlich kommt ein Kind als Eisbär und versucht ein Junges zu fangen. Schnell müssen die Eltern aus dem Wasser zurück, um ihr Kind zu schützen.
- *Der Seelöwe:* Diesmal sind die erwachsenen Pinguine im Wasser durch den Seelöwen bedroht. Sobald er erscheint, müssen sie sich auf den Eisschollen in Sicherheit bringen. Ein gefangenes Kind wird selbst Seelöwe. Sind alle Pinguine auf den Eisschollen, wird ein neuer Seelöwe ermittelt.

Bilderbuch vorlesen: „Du schaffst das schon, Josephine“ (von Hans Wilhelm, Carlsen-Verlag).

Thema „Pflanzen“ – Geburtstagsfeier für 5-Jährige

Kaffeetrinken

Spiele:

- *Blumen fangen* (siehe Farben fangen).
- *Blumen riechen:* Zunächst riechen die Kinder an den Blumen und nennen den Namen der Pflanze. Im zweiten Durchgang versuchen sie die Pflanze mit verbundenen Augen durch Riechen wieder zu erkennen.
- *Blüten suchen:* Vorgefertigte Pappblüten (z. B. aus der Spielesammlung „4 erste Spiele“) werden versteckt. Wer die meisten findet, hat gewonnen.
- *Malen:* Eine Blume oder einen Baum mit verbundenen Augen malen.

Basteln: Aus Salzteig mit Plätzchenformen Blumen ausstechen.

Im Backofen bei 75° 40 Minuten trocknen lassen. Später können die Blüten angemalt werden.

Thema: „Polizei" – Geburtstagsfeier für 6-Jährige

Spiele:

– *„Ausbildung und Prüfung zum Polizisten/zur Polizistin":*
  - *Knobelaufgaben:* „Was fehlt an diesem Fahrrad?", „Welches ist der sicherste Weg zur Schule?" usw.
  - *Kreisspiel:* Ein Kind („Polizist") verlässt den Raum. Die anderen verändern etwas an ihrer Kleidung oder tauschen Kleidungsstücke. Der „Polizist" muss nun die Veränderungen erkennen.

– *„Lösung eines Kriminalfalles":* Ein Bankeinbruch wird als Handpuppenspiel dargeboten. Die frisch gebackenen Polizisten müssen die zuvor versteckte Beute finden (Dose mit Süßigkeiten).

– *Die Kinder erhalten eine Urkunde und eine „Dienstmarke".*

Regina Braunschuh

Die 5. Kiste voller Tipps

Begrüßung: Wir bilden einen Kreis und singen: „Hallo, hallo, schön dass du da bist. Hallo, hallo, schön, dass es dich gibt. Die Hacken und die Spitzen, die wollen nicht mehr sitzen; die Fersen und die Zehen, die wollen weitergehen."
Kuchen essen: Marmorkuchen, Amerikaner oder ähnlich einfaches Gebäck ist sehr beliebt.
Spiele: verschiedene Wettspiele, Montagsmaler, Ratequiz, Berufe raten usw.

Bewegungslieder: „Vater Abraham hat viele Kinder“, „Da hat das Ponypferd sich einfach umgekehrt“.
Basteln: Wenn die Rasselbande zu lebendig wird, leite ich eine so genannte Ruhephase ein: Wir gestalten ein der Jahreszeit entsprechendes Bild; Stifte, Wachsmalkreiden, Tonpapier, Krepppapier, Moosgummi, Faltpapier usw. stehen bereit. Oder: Eine Igelfamilie läuft über die Wiese – wir basteln also einen Igel. Oder: Im Herbst schneiden wir aus Tonpapier bunte Drachen aus, machen aus Wolle und Papier einen schönen Schwanz und kleben das Ganze auf bunten Karton; vielleicht ziehen ein paar Wattewolken vorbei und die Sonne lacht – jedes Kind hat seine eigenen Ideen.
Freiraum für eigene Ideen: Die Kinder beschäftigen sich selbst und spielen im Garten. Ich bereite das Abendessen vor.
Schluss: Jedes Kind bekommt eine Tüte mit kleinen Überraschungen (für alle Kinder gleich).

Silvia Glogger

Die 6. Kiste voller Tipps

Kindergeburtstag bei Regenwetter

Kuchenschlacht
Spiele:
- *Topfschlagen*
- *Blinde Kuh*
- *Reise nach Jerusalem*
- *Hab 'ne Tante in Marokko*
- *Pferderennen*
- *Kasperltheater*
- *Malrätsel:* Auf einen großen Papierbogen wird ein Tier gemalt

und mit einem Blatt abgedeckt. Langsam aufdecken. Wer errät das Tier zuerst?

- *Schokolade essen:* Die Schokoladentafel wird zusätzlich in Zeitungspapier verpackt. Die Kinder würfeln reihum. Wer eine 6 hat, darf schnell verschiedene Dinge anziehen (Hut, Handschuhe, Schal) und dann mit Messer und Gabel die Schokolade auswickeln bzw. davon essen.
- *Mehl stechen:* Mehl wird auf einen Teller gehäuft. Auf die Spitze dieses Hügels wird eine Erdnuss gelegt. Jetzt muss der Reihe nach jedes Kind ein Stück Mehl mit dem Messer wegstechen, ohne dass die Nuss herunterfällt. Fällt sie, muss das Kind ein Pfand abgeben.
- *Augen verbinden:* Getränke, Lebensmittel, Pflanzen u. a. müssen am Geruch erkannt werden (oder Geldmünzen durch Tasten – ältere Kinder sollen den Betrag errechnen).
- *Büchsen werfen*
- *Nach Musik tanzen:* Wenn die Musik aufhört, darf sich niemand bewegen, sonst scheidet man aus.
- *Berufe raten* mit Pantomime
- *Essensspiel:* Ohne Hände soll das Kind von einem Brötchen, das an einer Leine hängt, essen oder von einem Apfel beißen, der in einer mit Wasser gefüllten Schüssel schwimmt.
- *Über Flaschen steigen:* Kann nur mit Kindern gespielt werden, die das Spiel noch nicht kennen. 5 Flaschen werden im Abstand von etwa 40 cm hintereinander aufgestellt. Ein Kind soll mit verbundenen Augen über die Flaschen steigen, ohne sie umzustoßen.
  Trick: Jemand nimmt zuvor die Flaschen weg und stellt sie nach der Runde schnell wieder auf. So meint das Kind die Aufgabe bewältigt zu haben. Erst bei der Runde des nächsten Kinds erkennt es, wie das Spiel funktioniert.
- *Auf Zeitungsblättern laufen:* 2 Gruppen liefern sich einen Wettlauf über eine bestimmte Distanz: Jede Gruppe bekommt zwei Zeitungsblätter; die Kinder müssen auf das vor-

dere Blatt hüpfen, nach hinten zum zweiten Blatt greifen und es nach vorne legen, hüpfen usw.

- *Hand zucken:* 2 Gruppen setzen sich jeweils hintereinander und halten sich an den Händen. Außer dem letzten Kind schauen alle zur Wand, die mindestens zwei Meter vom ersten Kind entfernt ist. Die Letzten der beiden Gruppen beobachten den Spielleiter. Würfelt dieser eine 6, müssen sie durch Handdrücken den jeweils Nächsten verständigen usw. Das erste Kind jeder Gruppe muss so schnell wie möglich die Wand erreichen. Der Erste der Siegergruppe geht nun nach hinten, sodass alle in dieser Gruppe einen Platz nach vorne rücken. Sieger ist die Gruppe, die zuerst durch ist. Läuft ein Kind irrtümlich zur Wand, darf die andere Gruppe vorrücken.

Nicht vergessen: *Relaxphasen*, in denen sich die Kinder selbst beschäftigen.

Dorothee Lüdemann

Ferien mit Kindern

Kennen Sie Madita? Diese fröhliche, liebevolle und manchmal ungestüme Mädchengestalt von Astrid Lindgren? Madita hat einen großen Wunsch zum Weihnachtsfest: Ihre Mutter darf an Weihnachten nicht erschöpft und müde sein, sondern sie soll sich freuen!
Dieser Leitgedanke lässt sich meines Erachtens auf die Ferienhoffnung unserer Kinder übertragen. Ein schöner, gelungener Urlaub – das heißt für Kinder: Ferien, in denen sich auch ihre Eltern entspannen und erholen und einen Zipfel vom Glück abbekommen.

Ferien mit Kindern

Lassen Sie den Gedanken über Bord, Sie müssten wegen Ihrer Kinder Ferien machen (dabei bilden Kuren natürlich eine Ausnahme). Das fängt bereits bei der Planung an: Versuchen Sie ein Urlaubsziel zu finden, das auch für Sie reizvoll ist. Langweilen Sie sich nämlich in „Ihren" Ferien oder stören Sie sich an den äußeren Bedingungen, dann werden Ihnen Ihre Sprösslinge beim geringsten Anlass unausstehlich und nachträglich undankbar vorkommen.
Urlaub als Familie bedeutet Erholung und Spaß für Kinder und Eltern.
Fahren Sie also nicht ans Meer, wenn Sie selbst auf Bergwanderungen „stehen" (es muss ja nicht gleich auf 4000 m Höhe sein). Und besuchen Sie keinen Freizeitpark, wenn Sie sich sowieso dabei nur über die Eintrittspreise aufregen.

Ferien mit Kindern

Wenn Ihre Planungen so weit gediehen sind, dass Sie ein verlockendes Ziel herausgesucht haben, sollten Sie allerdings doch überlegen: Was können meine Kinder dort tun? Wie gut muss unsere Unterbringung sein, damit Klima und hygienische Verhältnisse nicht zum Dauerproblem werden? Mit welchem Verkehrsmittel lässt sich eine lange Anreise am besten bewältigen? Vorschulkinder brauchen vor allem Platz und die Möglichkeit, mit Menschen (und eventuell auch Tieren) Freundschaft zu schließen; in ihrer unmittelbaren Umgebung sollten möglichst wenig Gefahren lauern. Schulkinder hingegen wollen – neben Spielangeboten und Freunden – interessante Sportmöglichkeiten, Wasser und so viel Abstand zur Familie wie möglich (und wie Sie als Eltern dies verkraften). Je älter Ihre Kinder sind, desto mehr sollten Sie sie nach ihren Wünschen fragen, damit Sie gegebenenfalls einen Kompromiss finden können.

Ferien mit Vorbereitung

Mein Vater war ein Meister darin, uns auf einen gemeinsamen Urlaub vorzubereiten. Er beschrieb uns Land und Leute, zeigte uns Bildbände und Karten, rechnete in fremder Währung und versuchte sich in der Landessprache. Zugleich machte er uns auf mögliche Einschränkungen vor Ort aufmerksam und wies auf die finanzielle Anstrengung hin, die die Reise für das Familienbudget bedeutete. Meine Vorfreude und Neugierde stieg ins Unermessliche. Ich war regelrecht reisefiebrig und glücklich, überhaupt mitgenommen zu werden, und dankbar, diesen Urlaub erleben zu dürfen.
Ich versuche es heute selbst so zu machen. Ganz nebenbei schlägt man so zwei Fliegen mit einer Klappe: Einerseits werden mögliche Schwierigkeiten in den Ferien, die durch falsche Vorstellungen entstehen, bereits im Vorfeld abgefangen. Andererseits ist diese Vorbereitung eine gute Schule für Toleranz und vermittelt die Tugend, Dinge erst zu beurteilen, nachdem man sie selbst gesehen hat und sie besser versteht.

Ferien mit kleinen Kindern (0 bis 3 Jahre)

Wenn Sie mit Kleinkindern verreisen, liegt die Gefahr besonders nahe, die Ferien hinterher als Flop zu empfinden. Gerade wenn Sie mit Ihrem ersten Kind zum ersten Mal Urlaub machen, könnte Ihre bisherige Vorstellung von Ferien „baden" gehen: Der abenteuerliche, fantastische Kulturtrip ist ebenso gestorben wie der absolute Entspannungsurlaub in einer entlegenen Bucht.
Säuglinge und Krabbelkinder finden griechische Säulen und röstende Eltern einfach langweilig. Sie spielen nicht drei Stunden lang „schön im Sand" und ihre Ehrfurcht vor Rembrandt oder Mozart hält nicht einmal drei Minuten an (dies ändert sich

übrigens auch bei Vier- und Fünfjährigen nicht; nur wundern Sie sich dann nicht mehr). Versuchen Sie in Ihren Ferien als Familie zu leben: also keine zu anstrengende Anreise, keine zu primitive Unterkunft, kein ständiges Wechseln des Quartiers. Passen Sie sich dem Lebensrhythmus und Klima Ihres Urlaubslands an.
Lösen Sie sich in der Betreuung Ihres Kindes ab, damit jeder Partner mal freihat. Genießen Sie Ihre Erlebnisse als Familie und denken Sie daran, dass diese Jahre nur eine kurze Zeitspanne Ihres Lebens dauern.

Ferien mit größeren Kindern

Wenn Ihre Kinder etwa 10 Jahre alt sind, sind die Vorstellungen, was „Erholung" bedeutet, bei Eltern und Kindern oft grundverschieden. Die Kinder – gerade in der schwierigen Phase der Frühpubertät – verlangen den Eltern ohnehin Geduld und Toleranz ab.
Wünschen Sie sich dann im Urlaub ein bisschen Rücksichtnahme und Dankbarkeit für Ihre Anstrengungen, werden Sie vermutlich nicht auf die erhoffte Resonanz stoßen. Viel liegt hier an klaren Absprachen: Wünsche und Pläne von Eltern und Kindern sollten besprochen werden, bevor die Ferien beginnen. Versuchen Sie beiden Seiten so weit als möglich gerecht zu werden und die jeweiligen Vorstellungen in das Ferienprogramm einzubeziehen. Danach aber gilt: Klare Absprachen und ihr konsequentes Einhalten verhindern eine Flut von Forderungen und Wünschen während der Ferien.
Lassen Sie Ihre Kinder an einer möglichst „langen Leine" laufen. Üben Sie schon jetzt, dass Sie nicht alles, was Ihre Kinder fühlen, denken oder tun, unbedingt wissen müssen. Bei Kindern in diesem Alter kann es durchaus sein, dass Eltern und Kinder getrennt Ferien machen.

Ferien mit Abenteuer

Egal was, aber irgendetwas muss passieren! Kinder möchten etwas erleben. Machen Sie kleine Ausflüge in die Umgebung, fahren Sie einmal mit Bus oder Kleinbahn anstatt mit Auto oder Leihwagen. Bestellen Sie ein Essen in der Landessprache oder probieren Sie eine ortstypische Spezialität. Klingeln Sie den Küster der Dorfkirche heraus oder stürzen Sie sich in Preisverhandlungen auf dem Markt. Machen Sie Ziele ausfindig, die Sie und Ihre Kinder begeistern. Vielleicht gibt es Höhlen in der Nähe, öffentliche Vieh- oder Fischauktionen, eine besondere Sportveranstaltung oder ein interessantes Handwerk ... und natürlich Tiere! Bringen Sie Ihren Kindern die Besonderheiten dieser Dinge nahe; erzählen Sie, was Sie davon wissen oder sich dazu denken. Kosten Sie die Spannung und das Zusammengehörigkeitsgefühl aus, das bei solchen Unternehmungen entsteht. Auch für kulturelle Eindrücke sind Kinder aufgeschlossen. Sie erleben sie nur kürzer und anders als Erwachsene. Kinder verstehen die Großartigkeit gotischer Kirchenschiffe, wenn sie hinter den Säulen Versteck spielen oder in der Kunsthalle das Echo ausprobieren.

Ferien mit Zeit

Auch kleinere Kinder verstehen, dass Eltern eingespannt sind und wenig Zeit für sie haben. Spätestens im Urlaub muss das anders sein! Unternehmen Sie etwas gemeinsam: Bauen Sie eine riesige Sandburg oder Laubhütte, stauen Sie einen Gebirgsbach auf und toben Sie nach Herzenslust. Lassen Sie sich von der Spontaneität und Lebenslust Ihrer Kinder anstecken. Und sollte Ihrem Kind die Lebensfreude durch Schule oder ersten Liebeskummer abhanden gekommen sein, machen Sie so lange Späße, bis Ihr Kind das Lachen wieder entdeckt und sich ein paar weitere Wochen Kindheit retten kann. Stopfen Sie das Programm nicht zu voll. Genießen Sie es, zu bummeln und einen Tag unorganisiert verstreichen zu lassen. Gönnen Sie sich und Ihrer Familie Ruhe und Zeit für …

Ferien mit Gott

Schnüren Sie sich während der Ferien kein starres geistliches Korsett. Familienferien sind nicht unbedingt der Zeitpunkt für stille Andacht und tiefe geistliche Erkenntnisse. Dennoch können wir durch Gespräche mit unseren Kindern zeigen, dass wir auch in guten Zeiten mit Gott verbunden sind und dass wir die Sonnenseiten des Lebens dankbar genießen. Bei der Besichtigung einer Kirche können Sie beispielsweise darauf hinweisen, auf wie vielfältige Weise man Gott erleben kann. Vielen Menschen fällt es bei Erlebnissen in der Natur relativ leicht, sich Gott besonders nahe zu fühlen. Vielleicht können Sie in den Ferien diese Erfahrung gut vermitteln. Zeigen Sie Ihren Kindern, dass Sie Ihre Ferien mit ihnen als ein besonders schönes Geschenk Gottes empfinden.

Ferien daheim

Wenn Sie sich eine Urlaubsfahrt nicht erlauben oder aus anderen Gründen nicht von zu Hause fortkönnen, streben Sie es dennoch an, mit Ihren Kindern Ferien zu erleben. Stellen Sie einen Speiseplan nach Wunsch auf, machen Sie ein Picknick in der Umgebung, ermöglichen Sie Ihren Kindern den Besuch im Schwimmbad oder einen Stadtbummel mit Eisessen. Bei Regen können Sie eine Bude im Wohnzimmer bauen oder Bekannte zu einem Spielnachmittag einladen. Lassen Sie das Mittagessen ausfallen und bereiten Sie ein langes, gemütliches Frühstück für

Balkon oder Garten zu. Machen Sie eine Nachtwanderung. Schaffen Sie trotz dieser erschwerten Ferienbedingungen besondere Höhepunkte und eine Atmosphäre der Ruhe, Zuneigung und Geduld.
Ein Nachsatz: Empfinden Sie die Ratschläge als eine einzige Zumutung? Können Sie sich kaum vorstellen, auch nur annähernd eine Hand voll dieser Tipps mit Ihren Kindern umzusetzen? Vielleicht sind Sie einfach reif für einen Kurzurlaub mit Ehepartner oder ganz allein. Befreien Sie sich von dem Pflichtgefühl, immer für Ihre Kinder da sein zu müssen. Besorgen Sie einen Babysitter und fahren Sie los. Genießen Sie die Zeit, tanken Sie Kraft, Schlaf, Ruhe und gönnen Sie Ihrer Seele ein paar Streicheleinheiten. Sie werden sicher mit Schwung und guten Ideen für Ihren Familienurlaub zurückkehren.

Ruthild Steinert

So muss der Urlaub sein – Kindermeinungen

In Kindergruppen und Sonntagschulen des ganzen Bundesgebiets wurden etwa 100 Kinder im Alter von 3-12 Jahren befragt (Wortlaut und Rechtschreibung der Kinder sind teilweise bewusst übernommen):

Wo macht ihr am liebsten Ferien?

In Frankreich, in Griechenland in die Trümmer von Athen, Australien, Schweiz, Amerika, Italien, Spanien, Kanarische Inseln, Schweden, Türkei, Israel, England, Brasilien, Korsika. Wenige bevorzugen Urlaub im Inland: Hamburg, Schwarzwald, Nord- und Ostsee wurden am häufigsten genannt.

Am Urlaubsziel soll es schön warm sein und Wasser geben. Den meisten Kindern sind wichtig: Freibad, gutes Essen, Fahrräder, Sport- und Spielmöglichkeiten aller Art, Reiten, Felsen zum Klettern, Bauernhof.
Ganz wichtig sind Kontakte zu Gleichaltrigen vor Ort.
Ältere Kinder wandern überwiegend gerne und wollen die Natur und die fremde Kultur bewusst erleben.
Die Jüngeren hingegen ziehen es vor, viel Zeit für spielerische Aktivitäten zu haben.

Wie sieht euer Traumurlaub aus?

- *Besuch in einem Restaurant, wo ein 13-gängiges Menü angeboten wird.*
- *Nach Höhlen suchen und sich vor den Bären verstecken.*
- *Eine Burgruine erkunden und selbst ein Lagerfeuer aufstellen und entflammen.*
- *Ich würde gerne einmal nach Brasilien fahren und sehen, was wir wirklich mit unserem Geldsammeln (Spenden) schon getan haben.*
- *In Hamburg bei Oma und Opa.*
- *Ich würde den ganzen Tag mit Hunden verbringen und mal mit ihnen baden gehen.*
- *Ans Meer fahren, dort hin wo an der Küste Palmen und viel Gebüsch vorhanden ist, und dann Robinson Cruso spielen.*
- *Verwantenbesuch (Meine Opas und Omas können natürlich immer kommen).*
- *Das Meer mag ich gern nur die Quallen nicht.*
- *Ich mache am liebsten auf einer Kinderfreizeit Ferien.*
- *Lange Schlafen, nach Autos hupen, keine Schule, lange aufbleiben, viel unternehmen, Essen am Bett, Strand liegen und braun werden, Meer baden und sauber machen.*

Was ist das Schlimmste am Urlaub?

- *Was ich nicht mag sind Serbentinen.*
- *Dass meine Mutter immer sagt das man in den Ferien Zeit hätte sein Bett zu machen.*
- *Wenn es jeden Tag regnet.*
- *Wenn man krank wird oder ein Bein oder einen Arm bricht.*
- *Wenn immer Ebbe wäre.*
- *Den ganzen Tag im Hotel oder in der Sonne faul herumhocken, lange Autofahrten, trockene Führungen, langweilige Museumsbesuche, wenn die Eltern immer etwas anderes machen möchten als die Kinder, wenn man die Haustiere nicht mitnehmen kann, wenn man die Bekannten vom letzten Jahr begrüßt und sie einen nicht mehr wieder erkennen, schlechtes Wetter, vor der Abfahrt aufräumen und putzen, Auto wird geklaut und man hat kein Geld mehr, lange Warteschlangen.*
- *Das schlimmste am Urlaub ist das Heimgehen.*

Welche Bedeutung hat für mich „Ferien mit Gott"?

(Die Frage wurde hauptsächlich Erwachsenen gestellt.)

- *Den eigenen Glauben selbstverständlich leben.*
- *Jeden Tag eine Andacht zusammen machen.*
- *Länger beten als zu Hause.*
- *Christliche Musik hören und mehr Zeit haben zum Lesen.*
- *Das besondere Gefühl, Gott näher zu sein als sonst.*
- *Dies bei Freizeiten zu erleben.*
- *Zeit zum Bibellesen und Reden über Glaubensfragen.*
- *Nicht immer geben zu müssen und über das eigene Leben nachdenken zu können.*
- *Zeit, um Gottes Größe durch seine Schöpfung in der Natur wieder ganz neu wahrzunehmen, Zeit zu nehmen, um nachher wieder geben zu können; draußen sein können, denn in der Natur spüre ich Gott mehr.*

Klaus Schopf

Wenn Kinder lügen

Es macht uns als Eltern Probleme, wenn wir feststellen, dass unser Kind in der einen oder anderen Situation nicht die Wahrheit sagt. Wir sind hilflos und fragen uns vielleicht: Ist das normal? Oder ist mein Kind deshalb schlecht? Habe ich etwas falsch gemacht?
Um solche Situationen richtig einschätzen und dann auch richtig reagieren zu können, müssen wir uns bewusst machen, was eine Lüge in den Augen unserer Kinder überhaupt ist.

Was ist in den Augen der Kinder eine Lüge?

Die frühe Kindheit

Wenn wir Kinder unter 6 Jahren (oder auch mit 6 Jahren) fragen, was eine Lüge ist, erhalten wir überraschende Antworten:
Web (6 Jahre): „Was ist eine Lüge?" *„Das heißt, wenn man hässliche Sachen sagt, die man nicht sagen dürfte."* – „Was bedeutet hässliche Sachen?" *„Dass er hässliche Worte gesagt hat."* – „Sage mir hässliche Worte. Kennst du welche?" *„Aas..."* – „Ist das eine Lüge?" *„Ja."* – „Warum?" *„Weil es ein hässliches Wort ist."* – „Wenn ich ‚Dummkopf' sage, ist das eine Lüge?" *„Ja."* – „Ein Kind hatte eine Tasse umgeworfen, sagte aber, es sei es nicht gewesen. Ist das eine Lüge?" *„Ja."* – „Warum?" *„Weil es es doch getan hat."*
(Jean Piaget, Das moralische Urteil beim Kinde, S. 172)

Wie kommt es dazu, dass Kinder hässliche Worte als Lügen bezeichnen? Jean Piaget gibt folgende Erklärung: Beides, sowohl das Aussprechen hässlicher Worte als auch das Lügen, sind moralische Vergehen, die durch die Sprache begangen werden. Das Kind weiß, dass es Wörter gibt, die man aussprechen darf, und solche, die man nicht aussprechen darf. Darum wird beides pauschal als Lüge bezeichnet. Warum es aber solche Worte gibt, die man nicht aussprechen darf, versteht das Kind nicht. Genauso wenig begreift es, warum es Dinge nicht sagen soll, die nach unseren Maßstäben nicht der Wahrheit entsprechen.

Die späte Kindheit

Im Alter von 6–10 Jahren werden Kinder, die danach gefragt werden, was eine Lüge sei, in der Regel antworten: „Eine Lüge ist etwas, was nicht wahr ist."
Zu Beginn dieser Phase wird dabei meist nicht unterschieden zwischen absichtlicher Lüge und unabsichtlichem Irrtum:
Clai (6 Jahre): „Weißt du, was eine Lüge ist?" *„Wenn man was sagt, was nicht wahr ist."* – „Zwei und zwei sind fünf. Ist das eine Lüge?" *„Ja, das ist eine Lüge."* – „Warum?" *„Weil es nicht richtig ist."* – „Wusste dies das Kind, das sagte, zwei und zwei sei fünf, oder hat es sich geirrt?" *„Es hat sich geirrt."* – „Also wenn es sich geirrt hat, ist das eine Lüge oder nicht?" *„Ja, es hat eine Lüge gesagt."*
(dto., S. 176)

Etwas später beginnen die Kinder zu unterscheiden zwischen unabsichtlichem Irrtum und absichtlicher Lüge:
Ke (7 Jahre): „Was ist eine Lüge?" *„Wenn man etwas nicht richtig sagt."* – „Zwei und zwei sind fünf, ist das eine Lüge?" *„Das ist keine."* – „Das Kind, das es zu mir sagte, warum hat es das gesagt?" *„Vielleicht, weil es sich geirrt hat."* – „Was ist das, sich irren?" *„Wenn man etwas sagt, was nicht richtig ist."* – „Sich irren und lügen, ist das dasselbe?" *„Nein."* – „Was ist der Unterschied?" *„Sich irren ist, wenn man etwas sagt, was nicht richtig ist, bei*

einer Lüge ist es wahr, bloß sagt man es nicht." (Man kennt die Wahrheit, sagt sie aber nicht.)
(dto., S. 180)

Die Bewertung von Lügen

Für uns Erwachsene völlig überraschend ist die Art und Weise, wie Kinder verschiedene Lügen bewerten. Wir werden sehen, dass Kinder völlig andere Kriterien anlegen als wir.
Beispiel: Ich habe meinen beiden Söhnen, 4 und 6 Jahre alt, folgende Fragen gestellt:
„Stellt euch vor, ich habe im Kinder- und Jugendwerk eine Kiste mit Legosteinen, die ist bis oben hin gefüllt und ist so groß wie ein Hochhaus." Beide: „Haha!" „Was ist, glaubt ihr mir nicht?" Beide: „Nein." „War das eine Lüge?" Beide: „Ja, das war eine Lüge."
„Stellt euch einmal vor, ihr kämt vom Kindergarten nach Hause und würdet mir erzählen, ihr hättet ein tolles Bild gemalt und die Erzieherin hätte euch gelobt. Und ich würde euch glauben. Dabei stimmt es überhaupt nicht. Ist das auch eine Lüge?" Beide: „Ja." „Welche der beiden Lügen ist denn die Schlimmere? Die mit den Legosteinen oder die mit dem gemalten Bild?" Beide: „Die mit den Legosteinen ist schlimmer." „Warum eigentlich?" Moritz, 6: „Weil das Hochhaus viel höher ist als mein kleines Blatt Papier."

Wir sehen daran, dass mein Sohn die Schwere einer Lüge daran misst, wie unwahrscheinlich sie ist. Je unwahrscheinlicher, desto schlimmer. Je mehr sie von der Wirklichkeit abweicht, desto schlimmer.

Jean Piaget hat Kindern zwei Geschichten erzählt und sie hinterher dazu befragt:

1. Ein Junge gibt aus Unkenntnis des richtigen Weges einen falschen an, und der Herr, dem diese Auskunft erteilt wurde, verirrt sich.
2. Ein Junge gibt absichtlich einem Herrn einen falschen Weg an, aber der Herr verirrt sich nicht.
The (6 Jahre): „Welcher ist der Schlimmere von beiden?" *„Der, welcher nicht wusste, wo die Straße nach Carouge ist."* – „Warum ist er der Schlimmere?" *„Der Herr hat sich verirrt."* – „Wusste der andere, wo die Straße war?" *„Ja."* – „Warum hat er es nicht gesagt?" *„Aus Spaß."*
Fer (8 Jahre): „Welcher ist der Schlimmere?" *„Der erste, weil er den Herrn sich hat verirren lassen. Beim zweiten hat sich der Herr nicht verirrt."*
Car (8 Jahre): ... „Und wenn der Herr sich nicht verirrt hätte?" *„Dann wären sie beide gleich schlimm gewesen."*
(dto., a.a.O.)

Die Beispiele zeigen, dass Kinder verschiedene unwahre Aussagen allein nach dem Ergebnis beurteilen. Wenn jemand etwas Falsches sagt und dies ungute Folgen hat, dann war die Lüge schlimm, auch wenn es in Wirklichkeit ein unbeabsichtigter Irrtum war.
Erst später erkennen Kinder, dass die Handlungsabsicht der Gradmesser dafür ist, wie schlimm eine Lüge ist bzw. ob es sich im einen oder anderen Fall überhaupt um eine Lüge handelt.

Warum Kinder lügen

Wir können davon ausgehen, dass Kinder bis zum Alter von 7 oder 8 Jahren uns in Wirklichkeit nicht täuschen wollen, wenn sie die Unwahrheit sagen, sondern dass sie damit ihre eigenen Wünsche aussprechen. Wir sollten bei unseren Kindern nachfragen, um herauszubekommen, ob sie uns absichtlich täuschen wollen oder ob sie nur ihre Wünsche aussprechen ohne die Absicht, uns hinters Licht zu führen.

Warum darf man nicht lügen?

Wenn Kinder gefragt werden, warum es schlimm sei, zu lügen, werden sie bis zum Alter von ca. 6–7 Jahren etwa die folgenden Antworten geben:
Zamb (6 Jahre): „Warum darf man nicht lügen?“ „*Weil der liebe Gott es bestraft.*“ – „Und wenn der liebe Gott es nicht bestrafte?“ „*Dann dürfte man es sagen.*“
Roc (7 Jahre): „Was geschieht, wenn man lügt?“ „*Wir werden bestraft.*“ – „Wenn man uns nicht bestrafte, wäre es dann schlimm?“ „*Nein.*“
(dto., S. 205)

Schlimm sind Lügen also nur, weil man dafür bestraft wird. Die Schwere einer Lüge wird nach den Folgen bewertet, und zwar nicht nur nach den Folgen für denjenigen, der angelogen wurde, sondern auch nach den Folgen für denjenigen, der gelogen hat und dafür bestraft wird.
In einem späteren Stadium trennen Kinder dann die Lüge selbst von der darauf folgenden Strafe. Eine Lüge ist dann an sich schlimm, ob sie bestraft wird oder nicht.

Unser Umgang mit Kinderlügen

Kindern keine moralischen Fähigkeiten abverlangen, die sie überfordern

Kleine Kinder sind noch nicht zu moralischen Einschätzungen in der Lage. Darum dürfen wir sie als Erwachsene, als Eltern an diesem Punkt nicht überfordern. Kinder, die die Unwahrheit sagen, sind nicht böse. Kinder wollen uns auch nicht unbedingt bewusst täuschen, jedenfalls nicht im Alter bis 7 Jahre.

Erziehende, die das wissen, können gelassener sein, wenn ihnen Kinder die Unwahrheit sagen. Sie müssen nicht schockiert sein. Eltern müssen sich nicht fragen: Was habe ich falsch gemacht, dass mein Kind solche schlimmen Dinge tut? Sie werden ihre Kinder nicht moralisch verurteilen. Sie werden keine Angst davor haben, das Kind könnte ein „böses Kind“ sein. Sie müssen auch nicht krampfhaft versuchen, das Kind „moralischer“ zu machen. Sie wissen, dass sich das Kind kindgemäß verhält.

Sicherlich ist es angebracht, zu beobachten, auf welchem Entwicklungsstand ein Kind ist. Kinder lernen wie gesagt mit der Zeit, eine Lüge richtig einzuschätzen. Wenn ich als Erziehender davon ausgehen kann, dass ein Kind weiß, was eine Lüge ist, und es dennoch bewusst die Unwahrheit sagt, dann möchte ich mit dem Kind darüber reden – natürlich dennoch nicht moralisierend (es gibt wohl kein Alter, in dem moralisierende Erziehung gerechtfertigt wäre); aber doch so, dass dem Kind deutlich wird: Es ist für das menschliche Zusammenleben ausgesprochen schädlich, wenn die Unwahrheit gesagt wird.
In aller Regel sehen Kinder das ein und bemühen sich, danach zu handeln.

Was geht in dem Kind vor, das die Unwahrheit sagt?

Wenn ein Kind lügt, obwohl es weiß, was eine Lüge ist (ungefähr ab 8 Jahren), sprich, wenn ein Kind uns ganz bewusst täuschen und in die Irre führen will, dann sollten wir möglichst behutsam darauf eingehen. Denn das Kind hat einen Grund, die Unwahrheit zu sagen.

Vielleicht fühlt es sich klein und schwach und möchte durch seine Lügen etwas größer und älter erscheinen. Möglicherweise sucht es Anerkennung. Vielleicht kommt es mit der Wahrheit bei den Freunden nicht an. Manchmal ist die Wahrheit eben sehr langweilig: Wenn andere die interessantesten Dinge zu erzählen haben und ich immer nur langweilige ...
Jedenfalls weiß sich das Kind nicht mehr anders zu helfen als durch die Lüge. Es ist in einer ausweglosen Situation und sieht die Lüge als einzigen „Ausweg". Manchmal gelingt es mittels einer Lüge ja auch, einer schwierigen Situation zu entkommen. Wenn ich bei einem Kind entdecke, dass es so sehr in Schwierigkeiten mit sich oder anderen steckt, dass die Lüge ihm als der einzige Ausweg erscheint, dann ist es mir unmöglich, das Kind zu verurteilen. Im Gegenteil, dann erkenne ich in seinem Lügen den Versuch, etwas für sich selbst zu tun: Das Kind hat sich nicht aufgegeben; es möchte mit den zur Verfügung stehenden Mitteln sein Leben und seine Probleme meistern. Und das macht mir dieses Kind sympathisch, auch wenn ich sein Verhalten nicht gut heißen kann. Wie sollte ich ein Kind dafür verurteilen, dass es sich an den eigenen Haaren aus dem Sumpf ziehen will, wenn niemand da ist, der es rettet? Wie sollte ich es ihm verdenken, dass es alle Mittel ausschöpft, wenn es verzweifelt ist?

Die Notlüge

Das Kind hat gelernt: Wenn ich wissen will, ob eine falsche Aussage eine Lüge ist oder ein Irrtum, dann muss ich die Handlungsabsicht berücksichtigen: Hat jemand absichtlich oder unabsichtlich die Unwahrheit gesagt? Welches Ziel verfolgte er mit seiner Aussage?
Wenn das Kind das Gelernte auf eine Notlüge anwendet und fragt: Welches Ziel verfolgte jemand mit seiner falschen Aussage, muss es dann nicht zu dem Schluss kommen, dass eine Not-

lüge, die einen anderen Menschen schützen soll, kein unmoralisches Handeln ist?
Als Kind habe ich persönlich gelernt, dass auch Notlügen immer Lügen bleiben und deshalb böse sind. Auch Notlügen gefährden das Vertrauen und das menschliche Zusammenleben. Es war mir allerdings nie ganz einsichtig, da mein moralisches Bewusstsein, mein Gewissen, mir an manchen Stellen dennoch zur Notlüge riet. Wenn ein Kind die Wahrheit sagt und dadurch ein anderes Kind ans Messer liefert, muss es da nicht ein schlechtes Gewissen bekommen? Nehmen wir an, ein Kind verrät dem Vater seines Freundes, dass der Freund etwas angestellt hat, obwohl es weiß, dass der Freund dafür höllische Prügel bekommt: Ist es da nicht verständlich, wenn das Kind lügt, um seinem Freund die Prügel zu ersparen? Kann es nicht sogar sein, dass die Entscheidung des Kindes, die Unwahrheit zu sagen, eine echte Gewissensentscheidung ist?
Daher ist es ratsam, nach den Absichten einer falschen Aussage zu fragen. Es ist durchaus möglich, dass ein Kind gute Gründe hat, die Unwahrheit zu sagen. Wenn Kinder in Notsituationen die Unwahrheit sagen, hüte ich mich vor Verurteilung. Ich werde aber dem Kind sagen, dass solche Unwahrheiten die absolute Ausnahme bleiben müssen.

Mit den Kindern im Gespräch bleiben

Mir kommt es darauf an, dass wir mit Kindern im Gespräch bleiben. Auch wenn der Grund für das Lügen bei einem Kind erkannt ist, ist das Phänomen nicht beseitigt. Es bleibt ein gemeinsamer Weg, den das Kind mit uns gehen muss. Harte Strafen helfen nicht gegen die Angewohnheit, die Unwahrheit zu sagen. Kinderlügen sind Signale, die wir ohne Groll und Zorn wahrnehmen sollten, um unsere Kinder zu verstehen und ihnen helfen zu können.

Die Lüge und der liebe Gott

Die Drohung mit dem lieben Gott, der alles sieht und bestraft, macht nur kaputt, was noch in Ordnung ist. Überhaupt sollten wir in solchen schwierigen Situationen darauf verzichten, unsere moralischen Vorstellungen mit Gott zu begründen. Wenn wir Kindern sagen, dass Gott böse auf sie ist, wenn sie lügen, dann verschlimmern wir die Probleme der Kinder. Ein Kind, das sich nur noch durch Lügen zu helfen weiß, muss erfahren: Gott ist dennoch auf meiner Seite. Und nicht: Jetzt ist Gott auch noch gegen mich. Gott ist für uns, für unsere Kinder, auch wenn sie die Unwahrheit sagen.

Der Gedanke an Gott sollte unseren Kindern gut tun, gerade dann, wenn sie Probleme mit der Wahrheit haben. Wenn kein Mensch mehr versteht, warum ein Kind die Unwahrheit sagt: Gott versteht das Kind! Und wir müssen unserem Kind zu verstehen geben, dass Gott auf seiner Seite ist, dass er es liebt, so wie es ist. Das Kind soll sich nicht mit dem Gedanken quälen müssen, Gott sage zu ihm: „Mich darfst du auf keinen Fall anlügen, das ist Sünde!“ Ist es nicht heilsamer, wenn es weiß: „Mich brauchst du nicht anzulügen, ich weiß auch so, dass du ein großartiges Kind bist. Und ich habe dich lieb.“

Siggi Reissing

Aggression bei Kindern

Setzen Sie sich bequem hin, schließen Sie die Augen und überlegen Sie in Ruhe, wann Sie das letzte Mal so richtig aggressiv geworden sind. Überlegen Sie weiter, was *zuvor* vorgefallen ist und was *danach* kam.

STOPP, ERST WEITERLESEN, WENN EXPERIMENT BEENDET – STOPP, ERST WEITERLESEN, WENN …

Grundlage der Gefühle, auf denen aggressives Verhalten aufbaut

Bei allen Seminaren, die ich zu diesem Thema gehalten habe, ließen sich die Situationen, die bei den Teilnehmern zu aggressivem Verhalten führten, auf einige wenige zusammenfassen: *Wut, Hilflosigkeit, Stress/Zeitdruck, Enttäuschung und Angst, mit der man nicht umgehen kann.*
Es ist erstaunlich, dass die Art, wie jemand mit dem Thema „Aggressionen" umgeht, eine andere wird, sobald er sich bewusst macht: Aggressionen begegnen mir nicht nur von außen – auch ich stehe anderen aggressiv gegenüber.

Wie äußern sich Aggressionen?

Werden Leute dazu aufgefordert, aggressives Verhalten pantomimisch darzustellen, beginnen die meisten mit wilden Drohgebärden aufeinander loszugehen. Deutlich wird: *Aggressiv sein heißt, den Abstand verringern, auf jemanden zugehen, etwas in Angriff nehmen.* Aggression hat also mit Kontakt zu tun. Ursprünglich war „Aggression“ ein wertneutraler Begriff, der auf der einen Seite „Kontaktaufnahme“, auf der anderen Seite „absichtliche Schädigung“ umfasste. Heute ist dieser Begriff ausschließlich negativ besetzt und bezeichnet *die Handlung, die Schaden zufügt, körperlich, seelisch, materiell. „Aggressivität“ ist dabei die Bereitschaft, ein Muster aggressiven Handelns in die Tat umzusetzen.*

Wie reagiere ich auf Aggressionen?

In den meisten Fällen bleibt es bei *spontanen* Reaktionen: *Angst, Zurückweichen, Flucht, Gegenaggression, Abwehr.* Bei der *geplanten* Reaktion werden Strategien entwickelt bis hin zu Racheplänen.

Wie entsteht aggressives Verhalten?

Um diese Frage zu klären, haben Wissenschaftler verschiedene Theorien und Modelle entwickelt. Der Verhaltensforscher Konrad Lorenz sieht Aggression als *einen zum Überleben notwendigen Instinkt* an. Nach dem Psychoanalytiker Sigmund Freud ist sie ein *Trieb zur Befreiung innerer Reizspannungen* nach Enttäuschung und Versagung. Die Lerntheoretiker sehen Aggression als *umweltvermittelt* an, als eine Gefühlsreaktion, die verstärkt (Bekräftigungslernen) oder unterdrückt werden kann. Durch Modelllernen kann neues Verhalten angeeignet oder vorhandene Aggression verstärkt, vermindert oder gelöscht werden.

Entwicklungsphasen mit gehäuft auftretendem aggressiven Verhalten

Aggressive Impulse sind wichtige Signale in der Entwicklung zu einer eigenen, selbstständigen Persönlichkeit. Das „Ich-bin-

ich"-Gefühl kann dadurch erst entwickelt und verinnerlicht werden und geschieht immer in Abgrenzung zum anderen hin. Nur eine so entwickelte Persönlichkeit hat die Voraussetzungen, gemeinschaftsfähig zu sein. Phasen gehäufter aggressiver Impulse sind immer zugleich Umbruchphasen: mit 2–3 Jahren (Trotzphase), beim Schuleintritt, in der Pubertät.
Das Entwickeln aggressiver Umgangsformen ist notwendig, um Kreativität und Selbstbewusstsein zu erreichen. Deshalb die provokant klingende These:
Kinder müssen aggressiv sein dürfen, um sich gesund entwickeln zu können.

Inwieweit ist aggressives Verhalten zulässig?

Aggressives Verhalten ist notwendig. Genauso notwendig sind Grenzen, innerhalb derer aggressives Verhalten toleriert wird. Kinder müssen lernen, welche Formen aggressiven Verhaltens tolerabel, welche intolerabel sind. *Aggressives Verhalten muss sozial verträglich sein*, das heißt die Grenze ist dort, wo dem Gegenüber Schaden zugefügt wird, körperlich, seelisch, materiell.

Die Bedeutung der Familie

Dass der Familie im Rahmen dieses Themas eine überaus wichtige Rolle zufällt, kann Chance oder Verhängnis sein.

Die Bedeutung der Familie beim Entstehen von Aggressionen

Aggressionen, die über das entwicklungsbedingte Maß hinausgehen, können ihre Ursachen in den Familienstrukturen haben:

Das Gefühl, unerwünscht, überflüssig, ungeliebt zu sein, kann zu Aggression führen. Denn mit seinem auffälligen Verhalten fordert das Kind eine Reaktion heraus: Es kann sicher sein, beachtet zu werden. In negativer Weise Beachtung zu finden ist weniger schlimm als gar nicht beachtet zu werden.

Aggressionsauslöser kann ein *verwirrender Erziehungsstil* sein: Wenn heute nicht mehr gilt, was gestern noch galt; wenn Konsequenzen angedroht und nicht eingehalten werden; wenn es ausschließlich Befehle ohne Erklärungen gibt; wenn unbedingter Gehorsam erwartet wird ohne Rücksicht auf die Persönlichkeit des Kindes. Im anderen Extrem führen aber auch *mangelnde Orientierungshilfen* (Laisser-faire-Stil) zu Aggressionen, weil das

Kind seine Grenzen austesten will, um daran seine Persönlichkeit zu entwickeln.
Dem oben erwähnten *Modelllernen* kommt im Bereich der Familie wesentliche Bedeutung zu. Kinder imitieren die Erwachsenen, sowohl in positiver als auch in negativer Hinsicht. Ein Kind, das Tag für Tag seine streitenden Eltern erlebt, vielleicht einen Vater hat, der seine Frau schlägt ..., ein Kind, das womöglich mit Prügeln „erzogen" und angebrüllt wird, hat denkbar schlechte Voraussetzungen, einen gesunden Umgang mit Aggressionen zu lernen.
Zunehmend müssen hier auch *unzureichende Wohnverhältnisse* berücksichtigt werden: viel zu kleine Kinderzimmer in viel zu kleinen Wohnungen in einer Umgebung mit viel zu wenig Spiel- und Bewegungsfreiraum.

Die Bedeutung der Familie beim Bewältigen von Aggressionen

Die Familie kann der Ort sein, wo Kinder am besten den richtigen Umgang mit Aggressivität lernen: Man kennt sich gut, hier bestehen Vertrauen und das Gefühl von Geborgenheit. Man ist sicher, dass man sich den anderen mit seinen Aggressionen zumuten kann, ohne Angst vor emotionalem Verlust haben zu müssen.
Allen Eltern, denen gerade die Aggressionen ihrer Kinder am Nervenkostüm zehren, möchte ich mit folgender These Mut machen:
Kinder, die aggressives Verhalten zeigen, haben Vertrauen in die Tragfähigkeit der Beziehung (Ausnahme: bindungsgestörte Kinder, deren Aggressionen ein Aufschrei nach Nähe und Geborgenheit sind).

Wie gehen wir mit Aggressionen um?

Allgemeines Ziel: Anleitung zum kontrollierten Umgang mit Aggressionen

Kinder müssen in kleinen Schritten erkennen, …

… was Aggressionen auslöst

Jemand kann aggressiv werden, wenn
- *sein Vorhaben gestört wird*
- *sein Wunsch nicht erfüllt wird*
- *sein Versuch fehlschlägt*
- *er zu Unrecht beschuldigt oder ungerecht behandelt wird*
- *er Furcht eingeflößt bekommt*
- *er physisch attackiert wird*
- *ihm eine Meinung oder Ansicht vorgeschrieben oder aufgezwungen wird*
- *er verbal angegriffen wird*
- *er verunsichert wird*
- *er für Dinge, die er nicht zu vertreten hat, verunglimpft wird (Herkunft, Religion, Aussehen)*

… was Aggressionen sind

- *Tätlichkeiten können Aggressionen sein, wenn sie Verletzungen, Schmerz und Zerstörung nach sich ziehen*
- *Drohungen werden als Aggressionen gewertet, wenn Angst erzeugt werden soll*
- *Verbote können zu den Aggressionshandlungen zählen, wenn sie bei Nichtbeachtung Bestrafung nach sich ziehen*
- *Beschimpfungen und Beleidigungen sind verbale Erscheinungsformen der Aggression, wenn sie eine Verletzung der Persönlichkeit bedeuten*

- *Durch Mimik und Gestik kann Aggressivität gezeigt werden, wenn dadurch der Betroffene erniedrigt und eingeschüchtert werden soll*

... welche Folgen sich ergeben

Aggressionen
- *werden nicht belohnt*
- *verhindern Gruppenaktivitäten und Freundschaften*
- *führen häufig nur zu Schwierigkeiten*
- *haben Gründe, die erkannt und diskutiert werden müssen*
- *erzeugen Gegenaggressionen*
- *verhindern konstruktive Lösungsmöglichkeiten*
- *wirken sich schädigend auf Personen und Dinge aus*

Was kann ich als Mutter oder Vater, Erzieher/in oder Betreuer/in tun?

- *Hintergründe klären (Problemsituationen, Beziehungsängste etc.)*
- *Gefühlslage herausfinden („Ich glaube, du bist richtig enttäuscht.“)*
- *Bei allen Reaktionen Wertschätzung, Zuneigung und Wärme vermitteln*
- *Grenzen aufzeigen („Es ist schön, wenn ihr lebhaft seid, aber es kann nicht so weit gehen, dass man nichts mehr versteht.“)*
- *Konstruktive Lösungshilfen anbieten – unter aktiver Beteiligung der Kinder:*

• *miteinander sachlich über die Schwierigkeiten reden*
• *eigene Gefühle sprachlich ausdrücken*
• *für die Gefühle anderer Verständnis zeigen*
• *Konflikte durchstehen und sich nicht zurückziehen*
• *konstruktive Lösungsvorschläge machen*
• *Außenstehende um Vermittlung bitten*
• *die Befriedigung eigener Bedürfnisse zugunsten anderer Personen für einen bestimmten Zeitraum aufschieben*
• *zu Kompromissen bereit sein*

- *bereit sein, mit anderen zusammenzuarbeiten*
- *berechtigte Interessen vertreten und durchsetzen*
- *Fehler einsehen und wieder gutmachen*
- *das eigene Verhalten überprüfen (Modelllernen)*
- *keine Bestrafung, sondern natürliche Konsequenzen zum Tragen kommen lassen*

Praxistipps in Kürze

- In Rollenspielen mit Puppen und mit Personen können Konfliktsituationen nachgespielt und Lösungsmöglichkeiten überlegt werden.
- Kinder-, Bilder-, und Vorlesebücher mit entsprechender Thematik bieten Aufhänger für die Aufarbeitung von Aggressionen (z. B. Sendak, „Wo die wilden Kerle wohnen").
- Manche Lieder eignen sich inhaltlich als Gesprächsgrundlage zum Thema (z. B. Schnurpsenklage), viele Bewegungslieder dienen zum kontrollierten Austoben („Regenwürmersong", „Aram sam sam", „Boogie", „Heut ist ein Tag").
- Beim möglichst großflächigen, ungehinderten Malen lassen sich manche Aggressionen kanalisieren (Kleisterbilder, Strohhalm-Pustebilder, . . .).
- Spiele eignen sich hervorragend zum Abbauen von Aggressionen, wenn man nicht Konkurrenzsituationen provoziert (z. B. Kettenfangen, Schwammwerfen, Bauchtanz, Tobeberg, Zeitungsballschlacht, Schreiwettbewerb).

Christa Brombach

Literatur:
Rudolf Dreikurs/Loren Grey, Kinder lernen aus den Folgen. Wie man sich Schimpfen und Strafen sparen kann, Herderbücherei, 10. Aufl. 1990
Rudolf Dreikurs/Vicky Soltz, Kinder fordern uns heraus
Thomas Gordon, Die neue Familienkonferenz

Null Bock auf Kirche!

Meine Kinder gehen nicht in die Gemeinde

Warum bin ich in der Kirche hängen geblieben? Diese Frage stellte sich mir zuerst, als ich mich mit dem Thema befasste. Waren meine Eltern die treibende Kraft, weshalb ich den größten Teil meiner Freizeit als Kind und Jugendliche in Kirchenräumen verbrachte? Mein Bruder hat weitgehend dieselbe Erziehung genossen wie ich – doch bei ihm war nach der Einsegnung endgültig Schluss mit Sonntagschule und sonntäglichem Kirchgang.
Eltern haben großen Einfluss bei der christlichen Erziehung, aber sie machen Kinder nicht zu Kirchgängern und noch weniger zu gläubigen Menschen.

Daten zur allgemeinen Religiosität und moralischen Orientierung

40 % aller Jugendlichen in Deutschland möchten „Sicherheit in Glaubensfragen" erreichen. Jedoch fühlen sich nur 25 % aller Kirchenmitglieder von ihrer Kirche unterstützt. Jugendliche picken sich überwiegend aus dem religiösen Bereich nur noch etwas heraus. Es geht ihnen nicht um ein umfassendes christliches Leben, sondern um die Erfüllung ihrer Sehnsüchte wie Geborgenheit oder Sinngebung, die sie sich vom christlichen Glauben erhoffen. Dies erklärt auch das Phänomen der Jugendreligionen, die auf die Bedürfnisses der Jugendlichen zielen.
Entgegen der öffentlichen Meinung, Kirche sei „out", ist also durchaus eine Hinwendung zum Religiösen festzustellen. Viel-

leicht ist dieses Bedürfnis daraus entstanden, dass Menschen in unserer technisierten und verwissenschaftlichten Welt einen Weg zur Befriedigung der Emotionalität suchen, und diese Suche ist bei Jugendlichen besonders stark anzutreffen.

Glaube und christliche Erziehung

Unzählige Eltern geben bei der Taufe ihres Kindes zumindest offiziell ihr Ja zu einer christlichen Erziehung und verpflichten sich, Verantwortung dafür zu tragen. Die Alltagswirklichkeit sieht dann so aus, dass Eltern dem Kind zwar nicht verbieten, sich christlich zu orientieren, es aber auch nicht darin unterstützen. Kein Kind kommt durch sich selbst zum Glauben; es ist abhängig von seiner Umgebung und seiner Erziehung, schreibt Martinus Langeveld. Es ist falsch zu denken, dass eine „religiöse" Anlage beim Kind vorhanden ist. Das religiöse Leben des Kindes entwickelt sich nicht einfach von „innen heraus". Es entsteht durch Impulse von anderen Menschen.

Natürlich haben Kinder die Anlage zu lernen, aber damit diese nicht verkümmert, müssen sie ständig gefördert und bestätigt werden. Zwangsläufig werden Kinder an Weihnachten und Ostern auf das Christentum stoßen. Hier erwacht nun die Neugier, mehr darüber zu erfahren.

Erziehung ist die Bedingung für den Glauben, der nun erwachsen könnte. Glaube kann allerdings nicht das Ziel einer pädagogischen Maßnahme sein.

Kann man überhaupt zum Glauben erziehen? Hieße das nicht, das Kind unfrei zu machen?

Jedenfalls kann, wie oben erwähnt, Glaube nie das Ergebnis eines zuvor getanen Werks und somit ein instrumentell zu erlangendes Ziel sein.

Manches kann dem Kind zu einem selbstständigen Glauben verhelfen: Das Vorbild anderer Christen ist sicher bedeutsam.

Es kommt auf die christliche Lebenspraxis an – nicht nur auf die am Sonntag, sondern im täglichen Leben. Es geht um die „Echtheit der menschlichen Haltungen“.

Eine Definition von christlicher Erziehung – und warum wir von ihr sprechen

Nach dem Sinne Gottes erziehen bedeutet: sich einander ernst nehmen, sich lieben, einander vergeben, auch wenn es schwer fällt. Dies gelingt nur, wenn man selbst die Liebe Gottes erfahren hat.

Man kann sich nun darüber unterhalten, was an der christlichen Erziehung so anders sei als bei der „normalen“ Erziehung. K. E. Nipkow fragt, ob es sich dabei nicht allgemein um eine „Einführung ins Menschliche“ handelt. Christliche Erziehung überschneidet sich durchaus mit allgemein gültigen erzieherischen Normen und Wertvorstellungen. Selbst wenn man von einer „Erziehung in christlicher Verantwortung“ spricht, bleibt diese Erziehung individuell und hängt von jedem Einzelnen ab.

Christliche Erziehung im Elternhaus

Seit den 70er-Jahren ist eine verstärkte Distanz zur Kirche deutlich zu beobachten. Die Zahl der Kirchenaustritte spricht für sich. Mit einer religiösen Früherziehung der Kinder ist nur noch selten zu rechnen. „Die ganzheitliche Entleerung des Familienlebens von religiösen Bezügen und Praktiken scheint nunmehr in vollem Gange zu sein", sagt Hartmut Tyrell. Es bleibt trotzdem unumstritten, dass die Familie den Raum für die Primärsozialisation bietet und demnach das Kind am meisten prägt.

Das Kleinkind, das völlig abhängig ist, erlebt an seinen Eltern, ob der Glaube an Gott „vertrauensstiftend und verlässlich erlebbar" ist. Zunächst orientiert sich das Kind also am Christsein der Eltern. Es fragt nach deren Haltung – nicht nur nach dem, was gesprochen wird, sondern nach dem ganzheitlichen Handeln. Religiöse Erziehung meint nicht die Belehrung durch Worte. Denn von auswendig gelernten Gebeten oder irgendwelchen moralischen Sprüchen wird sich das Kind früher oder später distanzieren.

Selbstverständlich geht es auch nicht bloß um die Vermittlung von religiösem Wissen. Vielmehr sollte dem Kind „das Gemüt für Religion" eröffnet werden. „Ich möchte mein Kind vertraut machen mit Gott", so drückt es Irene Miet aus. Die vertrauensvolle Beziehung zu Gott muss langsam wachsen.

Was geschieht, wenn dieses Vertrauen nicht frühzeitig geweckt wird?

Die modische Zurückhaltung vieler Eltern nach dem Motto: „Wir wollen uns da nicht einmischen, die Kinder sollen später selbst entscheiden, ob sie ein religiöses Leben führen wollen", müsste einer behutsamen Vermittlung religiöser Grundeinstellungen Platz machen – gerade im so genannten „Märchenalter", das für eine tiefgehende religiöse Erziehung sehr fruchtbar ist. Auf keinen Fall aber darf Gott dazu benutzt werden, die eigenen

Erziehungsdefizite auszugleichen und damit zum „Aufpasser-Gott“ gemacht werden. Gott sollte als der eingeführt werden, der unendlich lieben kann. Nur so kann der Beginn einer Beziehung zwischen Kind und Gott entstehen.

Die Familie, dieser „Grundbestandteil eines Netzes“, muss also mehr in den Vordergrund gerückt werden. Sie darf nicht alleine stehen, sondern muss in Kontakt mit anderen Familien treten. Der Erfahrungsaustausch hilft Probleme zu lösen. Auch im kirchlichen Bereich sollte mehr Information gegeben werden, um Eltern kompetenter zu machen, denn christliche Erziehung kann nur mit der Familie geschehen, nie gegen sie.

Wie erleben Kinder ihre Eltern, die aktiv in der Kirchengemeinde mitarbeiten? Kommen Mutter oder Vater gestresst nach Hause, regen sie sich über den und diejenige auf, jammern sie über zu viel Arbeit und kritisieren sie oft? Womöglich reagieren sich die Eltern an ihren Kindern ab, und plötzlich herrscht nach einem Gemeindenachmittag beim Nachhausekommen eine angespannte Atmosphäre. Es ist leicht einzusehen, dass solche Disharmonien alles andere als motivierend sind – im Gegenteil: Die Töchter und Söhne werden eher davon abgehalten, in diesen „Laden“ zu gehen. Wir müssen also unsere eigene Beziehung zu unserer Gemeinde immer wieder neu bedenken.

Christliche Erziehung in der Gemeinde

Da häufig die wichtigste Prägungsphase, nämlich diejenige im Elternhaus, fehlt, müssen die Kirchen neue Formen finden, Kindern den Weg zum Glauben zu erschließen. Leichter gesagt als getan ... Es werden nun viele entgegenhalten: „Es gibt ja den Kindergottesdienst/die Sonntagschule!“ Doch handelt es sich hier nicht häufig um ein „Stiefkind“ im Gemeindeleben? Oft

wird der Kindergottesdienst zwar geduldet, aber nur gering geschätzt. Wenn die Kinder bei besonderen Anlässen den „Erwachsenen-Gottesdienst“ gestalten, fühlen sich viele Gemeindeglieder vom lebhaften Umtrieb der Kinder gestört und bleiben an diesem Sonntag lieber zu Hause.
„Eine Gemeinde kann aber doch von ihren Kindern lernen!“ Kinderfreundlichkeit bedeutet nicht, Kinder während des Gottesdienstes zu beaufsichtigen, damit den Kindern (angeblich) geholfen ist und die Erwachsenen ihre Ruhe haben; es heißt vielmehr, mit den Kindern zu leben und von ihren Begabungen zu profitieren.
Die Bibel zeigt uns, was damit gemeint ist. „Dankbare Freude über die Kinder, herzliches Willkommen, Recht zur eigenen Stimme, Einsicht in ihre Lage als Gleichnis für alle.“
Die Gemeinde hat im Übrigen eine weitergehende Aufgabe: Die innerkirchliche Erziehungsarbeit dient zugleich den allgemeinen Erziehungsaufgaben (Sozialerziehung, Spracherziehung, ...). Es ist demnach erforderlich, dass kirchliche Kinderarbeit entsprechend ausgerichtet ist und sich an aktuellen Diskussionen der Erziehungswissenschaft orientiert.
Kirche darf nicht getrennt von der „weltlichen Gesellschaft“ gesehen werden. Eine Glaubenshaltung soll praktiziert werden, die für das Kind eine mögliche Lebensform darstellt. Selbstverwirklichung des Individuums und ein humanes Miteinander bilden eine Basis dafür.

Zusammenfassung

Trotz der allgemeinen Tendenz, dass „Religion im Schwinden“ und Kirche somit „out“ ist, müssen diesem Tatbestand auch positive Seiten abgewonnen werden. Die heutige „neutralisierte Religion“ kann eine neue, von veralteten Traditionen losgelöste Beziehung zum Glauben ermöglichen. Um diese Chance zu nutzen, ist es meines Erachtens nötig, dass Eltern und Gemeinde zusammenarbeiten und sich nicht voneinander abgrenzen. So wie die Kleinfamilie in die Krise kommt, wenn sie sich nicht nach außen öffnet, so erstickt die Kirche, wenn Gemeinde nur unter sich bleibt.

Wie könnte das nun konkret bei mir in der Familie und bei uns in der Gemeinde aussehen?
Dazu einige Erfahrungen, die ich als Kind und Jugendliche gemacht habe und die mich dazu ermutigten, den Weg in der Gemeinde weiterzugehen:
Meine Eltern waren eher passiv, sie haben mich weder gezwungen noch mich davon abgehalten, in der Kirche aktiv zu werden. Bei kirchlichen Festen waren sie jedoch stets dabei und freuten sich über mein Engagement.
Ganz wichtig war meine Beziehung zur Gemeinde. Einige Menschen haben mich dort einfach begleitet; sie interessierten sich für mich, fragten, wie es mir ging, was die Schule mache, oder erkundigten sich nach meiner Familie. Oft sangen wir mit der Sonntagschule in Gottesdiensten, später mit dem Jugendkreis. Wir bereiteten Gottesdienste vor, übernahmen Lesungen, waren an Gemeindefreizeiten beteiligt und wurden als Mitarbeiter/innen eingesetzt. Ich erfuhr Anteilnahme und Bestätigung als „Kind der Gemeinde“, wurde ernst genommen und bekam oft positive Rückmeldung für meinen Einsatz.
Manche Kinder und Jugendliche brauchen „nur“ mal jemanden, mit dem sie sprechen können, und möchten nicht für einen Dienst vereinnahmt werden. Gemeindemitglieder sollten hier sensibel auf die Bedürfnisse ihrer Kinder eingehen.
Das Wichtigste ist, so denke ich, stets im Gespräch zu sein mit seinen Kindern zu Hause wie auch in der Kirche. Erziehende können nur gute Voraussetzungen schaffen, sozusagen den Nährboden bilden, auf dem etwas wächst; sie können das Gedeihen beobachten und, wenn nötig, unterstützen. Um im Bild

zu bleiben: Die junge Pflanze „Glaube“ darf jedoch auch mal krumm wachsen und gar nicht in die Richtung, die ich mir vorgestellt habe. Wenn ich in einer solchen Situation tolerant sein kann, Spannungen mit meinem Kind aushalte und mir bewusst mache, dass Gottes Liebe durch mich wirken kann, werde ich glaub-würdig.
Es ist also ein Wechselspiel zwischen Eltern und Gemeinde notwendig, um Kinder und Jugendliche in die Gemeinde zu integrieren. Beide sind für die Heranwachsenden wichtig; sie sollen spüren: Ja, es lohnt sich, hier zu sein und mitzumachen. Hier bin ich gern gesehen, hier werde ich gebraucht und geliebt.

Das Bibelwort aus 1. Korinther 13,13: „*Nun aber bleiben Glaube, Hoffnung, Liebe, diese drei; aber die Liebe ist die größte unter ihnen*“, soll auf die Frage nach dem Sinn religiöser Erziehung abschließend Antwort geben. Wenn unsere Kinder diese Momente in ihrem Leben spüren, zuerst durch ihre Eltern, später durch Erzieher und Lehrer, dann hat der Glaube schon einen Platz im Leben der Kinder eingenommen. Dann hat es Sinn, ihnen von Gott zu erzählen, mit ihnen zu beten, Lieder zu singen und sie ihren Platz in der Gemeinde finden zu lassen.

Ute Martin-Knerr

Literatur:
Heinz Schmidt, Religionsdidaktik. Ziele, Inhalte und Methoden religiöser Erziehung in Schule und Unterricht, Bd. 1, Kohlhammer-Verlag
Martin Fries/Hans Bernhard Kaufmann, Mit Kindern Glauben erfahren. Kindergottesdienst wohin?, Gütersloher Verlagshaus
Hans-Jürgen Fraas, Religiöse Erziehung und Sozialisation im Kindesalter, Göttingen 1973
Reinmar Tschirch, Gott für Kinder, Gütersloher Verlagshaus

Mit Kindern das Abendmahl feiern

Warum wir mit Kindern Abendmahl feiern

Der Glaube der Kinder ist in seiner Art und Weise etwas Vollgültiges. Natürlich, Kinder haben sich noch nicht so für Jesus entschieden wie erwachsene Christen. Kinder glauben so, wie es ihnen entspricht.
Kinder können nicht aus theologischen Gründen vom Abendmahl ausgeschlossen werden. Es ist theologisch unvertretbar, anzunehmen, dass Gott irgendeinen Menschen aus der Gemeinschaft mit ihm ausschließt, weil er die dazu notwendigen geistigen Voraussetzungen (noch) nicht erfüllt. Ansonsten würden geistig Schwerbehinderte ihr Leben lang von jeder Abendmahlsfeier ausgeschlossen bleiben.
Kinder gehören zur Gemeinde von heute. Darum haben sie ein Recht darauf, integriert zu sein. Sie dürfen nicht ausgeschlossen werden, in keinem Bereich.
Es gehört zum Wesen des Abendmahls, dass es die Feier der ganzen Gemeinde ist. Separatistische Abendmahlsfeiern soll es in unseren Gemeinden nicht geben. Darum ist die Feier des Abendmahls auch an die Anwesenheit eines ordinierten Pastors oder einer ordinierten Pastorin gebunden.
Auch die neutestamentlichen Wurzeln sprechen eindeutig für die Teilnahme von Kindern am Abendmahl (1. Kor. 11,23-26; Mt. 14,19; Mt. 26,26; Lk. 24; Joh. 21,1-14).
Der Umstand, dass im Abendmahl die vergebende Liebe Gottes nicht nur durch Worte, sondern auch durch zeichenhafte Handlungen, durch Essen und Trinken verkündet wird, erleichtert es den Kindern, diese Liebe Gottes zu begreifen und zu erleben. Kinder können darum sehr wohl verstehen, was das Abendmahl für sie bedeutet.

Selbst dann, wenn Kinder noch sehr klein sind, ist die Angst, sie könnten das Abendmahl sich selbst zum Gericht einnehmen, weil das richtige Verständnis fehlt, unangebracht. Denn laut Paulus feiert derjenige das Abendmahl sich selbst zum Gericht, der bewusst die Gemeinschaft des Leibes Christi zerstört, und nicht derjenige, dessen Verstehensmöglichkeiten wegen seines Alters oder einer geistigen Behinderung eingeschränkt sind.
(Siehe Abhandlung von Siegfried Reissing, Stuttgart, in: EmK-Forum 3: „Abendmahl mit Kindern", Christliches Verlagshaus Stuttgart. Dieses Heft empfehle ich sehr zur Ergänzung; es enthält neben einer ausführlichen Abhandlung zum Thema kindgemäße Liturgien und Vorschläge für einen Familienabendmahlsgottesdienst.)

Abendmahl mit 190 Kleinen und Großen

Das Abendmahl von Kindern und Erwachsenen gehört schon zu unserer Tradition und unserem Jahresrhythmus auf dem Bezirk Backnang. Einen festen Sonntag im Kirchenjahr haben wir dafür vorgesehen, weil wir so bewusster auf dieses besondere Ereignis zugehen können. Der Schwerpunkt dieser Feier liegt auf dem gemeinsamen Abendmahl, für das wir – bei ungefähr 190 Personen – Zeit brauchen. Das Abendmahl findet um den Abendmahlstisch herum statt. Auch viele Lieder und ein kurzer biblischer Impuls kennzeichnen diesen Gottesdienst. Hilfreich sind mehrere Sprecherinnen und Sprecher, die dazu beitragen, dass die Aufmerksamkeit der Kleinsten erhöht wird.
Auf die Frage eines Gemeindeglieds, ob wir das Abendmahl nun immer so feierten, antwortete ich: „Nein, nur einmal im Jahr. – Gell, das war nicht Ihr Abendmahl?" Der ältere Herr atmete erleichtert auf: „Nein, das war nicht mein Abendmahl!" Für manche Gemeindeglieder erfordert diese Form der Feier eine gewisse Rücksichtnahme und tiefe Solidarität mit den Kindern; die Einsetzungsworte und Texte in kindgerechter Übertragung

schenken ihnen offenbar nicht das herkömmliche Abendmahlsempfinden.
Jüngere Erwachsene betonen hingegen immer wieder ihre Dankbarkeit, dass gerade dieses Abendmahl von Freude und der Fröhlichkeit der Kinder gekennzeichnet ist, die sie sonst vermissen. Besonders für Familien ist es ein schönes Erlebnis, die zentrale Feier ihres Glaubens gemeinsam zu erleben. An Äußerungen von Kindern spüre ich, dass diese Feier etwas ganz Besonderes für sie ist, ohne dass sie sagen könnten, was sie ihnen bedeutet. Ein Kind erzählte stolz: „Wir Kinder haben heute Abendmahl gefeiert!" Ähnlich geht es uns Erwachsenen doch auch: Für uns hat das Abendmahl eine größere Wichtigkeit, als wir mit Worten und theologischen Gedanken ausdrücken können. Vielleicht liegt es daran, dass beim gemeinsamen Abendmahl mit den Kindern mehr zu erfahren, zu schmecken und zu fühlen (und nicht nur etwas zu hören) ist.
Nach jedem Abendmahlsgang – dabei sind etwa 50 Personen – fassen wir uns an den Händen und empfangen den Segen. Dieses Zusammengehörigkeitsgefühl „in Christus" wird als sehr beglückend empfunden, weil es uns über Grenzen hinweg verbindet und wie eine Verheißung wirkt; ob groß, ob klein, ob glücklich, ob bedrückt, ob am Lebensanfang, ob am Lebensabend: Christus stellt uns neben-einander, um für-einander da zu sein.
Theologische Bedenken gegen das Abendmahl mit Kindern konnten wir in vorbereitenden Gesprächen ernst nehmen. Auch der Rückblick in einem Ausschuss („Wie ist unser Feiern gelungen, z. B. das Abendmahl mit Kindern und Erwachsenen?") hilft uns, Hindernisse auszuräumen und Vorbehalten zu begegnen. Ich möchte dieses besondere Abendmahl nicht missen.

Thomas Mozer

(Unspektakuläre) Erfahrungen mit dem Abendmahl mit Kindern

Es sind fast zwei Jahrzehnte vergangen, seitdem wir uns auf dem Gemeindebezirk Zwickau-Planitz der Frage stellten, das Abendmahl gemeinsam mit den Kindern zu feiern – damals ein ziemlich revolutionärer Gedanke ... Darum wurden ganz selbstverständlich auch Bedenken angemeldet. Durch gemeinsames Nachdenken über die Bedeutung des Abendmahls im Neuen Testament und methodistischer Theologie wurde dann doch der Teilnahme von Kindern am Abendmahl zugestimmt. Dass das Mahl mit unvergorenem Wein (Traubensaft) gefeiert wurde, war eine Selbstverständlichkeit. Im kirchlichen Unterricht bei den Teenagern und im Kindergottesdienst wurden die Kinder auf das Abendmahl vorbereitet.

In einem Kindergottesdienst feierten wir schließlich das Abendmahl mit Kindern. Die Skeptiker saßen als Beobachter auf der Empore. Sie erlebten, dass rund 50 Kinder voll bei der Sache waren. Das überzeugte die Kritiker.

Dann wurde das Mahl auch in einem Familiengottesdienst gefeiert. Von nun an war es keine Frage mehr: Wenn Kinder zum Abendmahl kamen, durften sie daran teilnehmen. Die Entscheidung, ob Kinder das Abendmahl bekommen sollten oder nicht, lag aber bei den Eltern; waren diese dagegen, wurde das akzeptiert.

Ähnliche Erfahrungen machte ich Jahre später in Gelenau.

Als ich 1995 nach Aue versetzt wurde, gab es hier die Praxis, dass Kinder bei der Mahlfeier mit nach vorn kamen und gesegnet wurden. Brot und Wein empfingen sie erst nach der Entlassung aus dem kirchlichen Unterricht.

Christoph Georgi

Am Anfang waren die großen Augen von Alexandra. Schon als Kleinkind war sie von ihren Eltern zum Abendmahl mitgebracht worden; sie konnte ja schlecht alleine in der Stuhlreihe sitzen bleiben. Als Alexandra ein wenig älter war und stehen konnte, klammerte sie sich während des Abendmahls an das Bein von Mutter oder Vater, mehr oder weniger interessiert an dem, was die Erwachsenen taten. Als sie ins Kindergartenalter kam, begann sie mich aufmerksam zu beobachten, wenn ich im Halbkreis vor dem Abendmahlstisch das Brot austeilte. Dass sie etwas abbekommen könnte, schien sie nicht zu erwarten. Irgendwann wurde ihr Blick beim Abendmahl doch erwartungsvoll, obwohl sie wohl nach wie vor nicht damit rechnete, teilnehmen zu können.
Abendmahl mit Kindern war für Alexandra, für ihre Eltern, für alle anderen, die am Abendmahl teilnahmen, und für mich selbst kein Thema.
Irgendwann kam ich mit dem Brotteller an Alexandra nicht mehr vorbei. Ich hatte es mir nicht vorgenommen, doch plötzlich hielt ich ihr den Teller hin, damit sie sich ein Stück Brot nehmen konnte. Ich werde die Freude in ihrem Kindergesicht nie vergessen.
Nun wäre ein strahlendes Kindergesicht noch keine ausreichende Rechtfertigung für einen fragwürdigen Umgang mit dem Sakrament des Abendmahls. Deshalb machte ich mir damals ganz neu Gedanken über das Abendmahl. Auch in den Bibelgesprächskreisen des Gemeindebezirks diskutierten wir, besprachen insbesondere das Für und Wider des Abendmahls mit Kindern. Wir merkten, dass es ein zweifelhaftes Kriterium für die Zulassung zum Abendmahl war, ob jemand das Geschehen verstehen konnte oder nicht.
Wir entdeckten ohne viel Mühe, dass sich das Abendmahl auch unserem Verstehen nicht völlig erschließt. Überdies hatte niemand Einwände gegen die Teilnahme eines (auch) geistig behinderten älteren Mannes der Gemeinde am Abendmahl. Unser behinderter Bruder schien, ebenso wie Kinder, das Abendmahl

sogar in viel elementarerer Weise zu „begreifen“ als wir nicht geistig behinderten Erwachsenen.
Dass Kinder die Botschaft erfassen, indem sie diese sinnlich erfahren, das zeigte mir die Freude in Alexandras Gesicht. Recht bald ging ich dazu über, ihr auch den Kelch zu reichen (natürlich mit Saft). Plötzlich wurden andere Kinder zum Abendmahl mitgebracht, gerade auch ältere Kinder. Niemandem wird das Abendmahl aufgedrängt. Das erste Kriterium für die Zulassung zum Abendmahl ist in unserer Kirche das Bedürfnis, die Einladung Jesu Christi anzunehmen. Jesus schenkt uns Gemeinschaft mit sich und dem himmlischen Vater. Wer sich dieses Erlebnis schenken lässt, erfährt darüber hinaus eine besondere Gemeinschaft mit den anderen.
Nach meiner Erfahrung haben Kinder, die das Kindergartenalter noch nicht erreicht haben, nicht den Wunsch, am Abendmahl teilzunehmen. In Zweifelsfällen hilft Blickkontakt mit dem Kind und den Eltern. Warum sollte nicht eine kurze Absprache während des Abendmahls möglich sein?
Eine „kindgerechte“ Abendmahlsliturgie (die es gibt) haben wir auf unserem Bezirk übrigens nie verwendet. Das besondere „Begreifen“ des Abendmahls ist Kindern nach meiner Erfahrung innerhalb der traditionellen Abendmahlsliturgie ebenso gut möglich. Um diese traditionelle Vermittlung des Abendmahls sollte man die Gemeinde nicht bringen; vermutlich liegt es mit an der Vermittlung durch traditionelle Formeln und Formen, dass sich sakramentales Geschehen ereignet.
Die einzige kritische Stimme, die ich auf dem Bezirk je zum Abendmahl mit Kindern gehört habe, stammt von Alexandras Vater. Es tue ihm Leid, sagte er einmal, dass Alexandra das Besondere des ersten Abendmahls nach der Einsegnung nun nicht mehr erleben könne. Doch als ich Alexandra das erste Mal den Brotteller hinhielt, hat er sich auch gefreut.

Karl-Martin Unrath

Kinder und Fernsehen

Medienpädagogik ist heute ein Schlagwort. Nach altbewährter Manier müssen nun nicht die Eltern der Kinder aktiv werden, vielmehr müssen die Kindererzieher und die Pädagogen an die Front. So genannte „pädagogische Saubermänner“ sollen sich mit den Gefahren der Medien beschäftigen und sie gleichzeitig neutralisieren. Ob nun eine Medienpädagogik bessere Erfolge erzielen kann als beispielsweise die seit Jahren propagierte Verkehrserziehung, sei dahingestellt.
Fernsehen – früher war es das Radio, das immer nebenher gespielt hat; heute ist es oft der Fernseher. Er läuft und keiner sieht hin. Doch oft genug wird übersehen, dass „unser“ Kind wie gebannt davor sitzt. Eigentlich ein guter „Babysitter“, oder?

Das 2-jährige Kind

Zweijährige bekommen durch das Fernsehen sicherlich keinen schlechten Charakter. Für sie ist eigentlich nur die Bildfolge interessant, nicht der Inhalt einer Sendung. Alles, womit sich die Eltern beschäftigen, finden Kinder in diesem Alter spannend – also auch das Fernsehen. Inhalte sind noch kein Problem. Mit zunehmendem Alter wird das anders.

Das 5-jährige Kind

Auch in diesem Alter verstehen Fünfjährige nur Sendungen, die für kleine Kinder gedacht sind. Aber: Bekommt das Kind etwas zu sehen, das es noch nicht begreifen kann, dann gehen diese Eindrücke nicht spurlos an ihm vorüber. Seine Gefühle werden

vom Fernsehen stark angesprochen; sein Verstand aber kann diese Eindrücke noch nicht ordnen. Angenommen, ein Kind sieht alles an, was zufällig im Fernsehen kommt, dann ist es einem großen Durcheinander von „Bildergeschichten" ausgesetzt. Kinder „gucken" oft mit, wenn sich der Vater abends oder nachmittags nach der Arbeit vor den Fernseher setzt. Die Kinder wollen jetzt in der Nähe der Eltern sein.
Spätestens jetzt sollte man sich als Erwachsener überlegen, ob es nicht besser wäre, sich auf eine andere Weise mit dem Kind zu beschäftigen. Untersuchungen zeigen jedoch, dass sich über 50 % der Eltern nicht kritisch mit dem Fernsehen und dem Fersehprogramm auseinander setzen.

Das Schulkind

Alles, was auf dem Bildschirm stattfindet, hat für Schulkinder einen enormen Lerneffekt. Fernsehen ist der eindrucksvollste Lehrer, den es gibt. Sport mit seinen Regeln der Fairness hat positiven Einfluss. Brutalität und Aggression sind dagegen unverantwortlich, weil sie die Kinder wie eine Droge mit Langzeitwirkung beeinflussen. „Eine schlimme Szene kann Kinder noch ein Jahr später quälen", sagt Prof. Dr. Th. Hellbrügge. Für junge Dauerfernseher besteht auch eine körperliche Gefährdung. Damit ein Kind wachsen kann, muss es einen erhöhten Stoffwechsel haben. Den bekommt es aber nur durch ständige Bewegung. Stundenlanges Sitzen macht schlapp, lässt Herz, Lunge und Muskulatur verkümmern. Auch die Augen leiden darunter. Beim natürlichen Sehen sind sie ständig in Bewegung. Beim Fernsehen jedoch ist der Augapfel starr auf ein eng umgrenztes, ebenes Bild gerichtet. Die Bilder huschen vor dem geradeaus gerichteten Blick vorbei. Dabei wird das fein abgestimmte Zusammenspiel zwischen optischer Bildbewegung und aktiver Augenbewegung empfindlich gestört.

Pädagogische Maßnahmen und Interventionsmöglichkeiten

Es gibt zahlreiche Literatur über die Medienerziehung von Kindern und Jugendlichen. Es gibt auch nicht weniger Elternratgeber mit medienerzieherischen Tipps. Ihre Absichten sind getragen von einem aufklärerischen Habitus und von der Überzeugung, dass soziale Einflüsse der Medien korrigierbar, zumindest kompensierbar seien.
Dabei gibt es verschiedene Ansätze. Manche versuchen sich, mehr schlecht als recht, mit der Existenz der Medien zu arrangieren, andere wollen zu einem bewussten, kritikfähigen Mediennutzer erziehen; wieder andere wollen das Fernsehen aus Familien mit Kindern völlig verbannen, indem sie auf die verheerenden Folgen des Fernsehens hinweisen (vor allem verheerend für die Kommunikation innerhalb der Familie).
Ein wichtiges Ziel von medienpädagogischen Ratgebern oder elterlichen Erziehungszielen wäre es, das Fernsehen aus seiner Rolle als subjektiv bedeutsamstes Medium zu drängen und es als

„normalen Bestandteil“ des Alltags einzuordnen. Die Bedeutung anderer Medienangebote sollte ebenso betont werden wie das Spiel, wie produktive und kreative Tätigkeiten, das Erzählen oder das persönliche Gespräch.

Kinder beobachten bei ihren Eltern ein Verhalten, das häufig ihren Erziehungsabsichten widerspricht: Die Eltern leben ihren Kindern die Bedeutsamkeit des Fernsehens vor; gleichzeitig zeigen sie durch ihr Handeln, dass die Zeitschrift, das Buch, die praktische Tätigkeit, das Kino oder auch die Chance des persönlichen Gesprächs nur noch einen untergeordneten Wert haben. Dieses alltägliche Medienhandeln der Eltern wird die Kinder prägen.

Alternativen müssen sich als echte Alternative darstellen und dürfen nicht Billigersatz sein, der die echten Bedürfnisse nicht abdeckt. Die Forderung nach höchstens einer Stunde Fernsehen pro Tag ist weit weg von der Realität, auch wenn sie gut gemeint ist. Mit den Kindern reden, während und nach gemeinsam gesehenen Sendungen, ist wichtig, denn Erwachsene merken nicht unbedingt gleich, ob ihre Kinder mit einem Schock, mit Ängsten und unverdauten Inhalten kämpfen. Sie müssen im Gespräch herausgefunden, erklärt und richtig gestellt werden.

Hierin sehe ich auch eine Aufgabe kirchlicher Arbeit mit Kindern. Gerade samstags sitzen Kinder oft sehr lange vor dem Fernsehapparat. Unverdaute Inhalte werden dann in den Kindergottesdienst mitgebracht und bestimmen zuweilen das Verhalten der Kinder. Sie können dann aggressiv oder auch in sich gekehrt sein. Oft reden sie von den Filmen, die sie gesehen haben. Solche Erzählungen von Kindern sollten nicht als störend beiseite geschoben, sondern im (eventuell persönlichen) Gespräch aufgenommen werden.

Als Eltern oder als Mitarbeiter von Kinderveranstaltungen können wir darauf hinwirken, dass sich Kinder frühzeitig daran gewöhnen, eine gezielte Programmauswahl zu treffen und sich strikt daran zu halten.

Hilfreich könnte ein Fernsehvertrag sein, der zwischen Eltern und Kindern geschlossen wird. Er regelt, wie viel die Kinder in einer Woche anschauen dürfen. Die Kinder können in einem Fernsehprogramm anstreichen, was sie anschauen wollen. Die Auswahl wird den Eltern vorgelegt und gemeinsam wird besprochen, was man daran gut oder weniger gut findet. Wir Eltern müssen den Kindern erklären, warum manche Sendungen nicht geeignet sind. Vielleicht sollte man als Experiment gemeinsam einen „verbotenen Film" anschauen und an konkreten Stellen mitteilen, was daran schlecht ist.

Sehr wichtig ist zudem, dass alle Kinder die gleichen „Rechte" haben, das heißt dass jedes Kind auswählen darf: In der einen Woche darf das eine Kind auswählen, in der nächsten Woche das andere. Zudem könnte man in den Vertrag hineinschreiben, dass die Geschwister ruhig sein müssen, wenn ein Kind „seine" Sendung anschaut, damit es nicht gestört wird.
So oder ähnlich stelle ich mir einen bewussteren Umgang der Kinder mit dem Fernsehen vor.

Wir Eltern müssen unseren Kindern viel Freiraum verschaffen für eigene Aktivitäten. Jedes Spiel, jedes Hobby und Anliegen des Kindes ist wichtiger als der spannendste Krimi. Es ist in meinen Augen ein Kardinalfehler der Eltern, die Kinder abzuwimmeln: Lass mich in Ruhe, da läuft gerade eine interessante Sendung!
Besonders in Bezug auf kleine Kinder brauchen wir bei jedem Angebot des Marktes eine kritische Selbstbefragung, ob der Gegenstand, der uns mit lockender Werbung ins Auge springt, geeignet ist und einen positiven Einfluss auf die Entfaltung unserer Kinder hat. Gegeben ist dies, wenn die Ware uns zu neuen Anstrengungen und zu differenzierteren Tätigkeiten anregt oder den Freiraum dafür schafft. Die Zahl derer wächst, die zwar leise und verschämt, aber doch mit elitärem Bewusstsein

eingestehen: „Wir haben den Fernseher abgeschafft." Oder: „Wir haben ihn aus dem Wohnzimmer in die hinterste Stube verbannt."
Die elementaren Äußerungen des Menschseins werden zunehmend vom Fernsehen überlagert: Spielen, Lachen und Weinen. Die Schritte der Befreiung führen uns vom vorgeflimmerten Spiel zum eigenen Spielen und Tanzen, von den künstlich übergestülpten Emotionen zum eigenen Lachen und Weinen.
Was wir anstelle des Geredes über Fernsehsucht brauchen ist eine Fernsehdidaktik. Nicht die Sender sind schuld an Schäden, die das Fernsehen anrichtet oder anrichten könnte, sondern wir, die wir mangelhaft damit umgehen. Wer selbst gelernt hat, eine bewusste Auswahl zu treffen und nur das anzuschauen, was ihm nutzt (auch zur schließlich nicht verwerflichen Unterhaltung und Entspannung), der wird zugleich dafür sorgen, dass seine Kinder genug Zeit zum Spielen und für sonstige Aktivitäten behalten.

Lied zum Thema: „Mattscheiben-Milli"

„Ich kenn ein kleines Mädchen aus unserem Haus, das stiert den ganzen Tag immer geradeaus. Seine Augen blicken milchig und ein bisschen blöd und sind schon fast so eckig wie ein Fersehgerät. Das ist die Mattscheiben-Milli, oh oh oh, die erst dann lebt, wenn sie vorm Fernseher klebt. Sie sitzt auf dem Teppich, ihr Rücken ist krumm, ihr Mund steht offen, aber sie ist stumm. Ihr Hals ist steif, ihre Beine schlafen ein, doch sie stiert in den Kasten hinein …
Ob Schnapsreklame, Schlager oder Nachrichtenmann, die Milli sieht sich alles, auch das Langweiligste an. Doch wenn die Mutter kommt und will den Kasten abdrehn, schreit sie: Mutti, Mutti, anlassen, ich muss das sehn! Kinder holt die Milli von der Flimmerkiste weg! Spielt mit ihr mal Krümelmonster oder mal Versteck! Zeigt ihr, was man alles Schönes selber machen kann, und lasst den Kasten nicht immerzu an.

Die ganzen andern Kinder in unserem Haus sehen auch die Sesamstraße und die Sendung mit der Maus. Doch hinterher da spielen sie, da rennen sie raus und probiern, was sie gesehen, gleich mal selber aus. Nur die Mattscheiben-Milli, oh oh oh, die klebt vor der Röhre, die geht nicht mal aufs Klo. Sie kann nicht mehr reden, dazu ist sie zu stumm, sie kann auch nicht mehr singen, dazu ist sie zu stumm. Vor den Augen hat sie andauernd so ein Flimmern und kann nur noch Waschmittel-Werbesprüche wimmern. Oh Mattscheiben-Milli, benutz mal deinen Kopf und den Abschalteknopf!"

(aus: V. Ludwig/B. Heymann, Das Grips-Liederbuch)

Conny Rieker

Kinder und Computer

Der Titel eines Artikels in der c't (Zeitschrift für Computertechnik) ließ mich stutzig werden: „Statt Schnuller CD-ROM's für die Kleinsten". Der Verfasser dieses Artikels sprach also die Altersgruppe zwischen 3 und 6 Jahren an.
Computereinsatz in der Grundschule befürworte ich – aber schon davor? Ich kann und will die Frage nicht einfach mit Ja oder Nein beantworten. Deshalb hole ich an dieser Stelle etwas weiter aus ...

Marktentwicklung

Noch vor zehn Jahren waren Computerprogramme für Kinder die Ausnahme. Erst durch den intensiven Verkauf von Computerspielen wurde die Zielgruppe von der Industrie entdeckt. Neben Spielen wurden auch die ersten Lernprogramme entwickelt, mit denen sich Kinder Neues aneignen oder bereits Bekanntes, wie z. B. Vokabeln oder Rechenaufgaben, üben konnten. Die Softwarefirmen witterten neue Absatzmärkte und jede Firma wollte auf dem neuen Markt mit Produkten vertreten sein. Leider galt dabei oft die Devise: Je mehr Programme, desto besser. Qualität war oft ein Fremdwort. Im Bereich der Lernsoftware ließen sich zu der Zeit zwei Phänomene beobachten:

- Informatiker erstellten Übungsprogramme für Kinder ohne didaktische Konzepte und pädagogisches Geschick. Solche Programme über- oder unterforderten die Kinder und trieben Eltern und Lehrern die Tränen in die Augen.
- Lehrer betätigten sich als Hobbyprogrammierer und verwirklichten gute Ansätze in den Programmen. Allerdings litt oft die grafische Umsetzung und die Programmstabilität. Der

Computerspaß des Nachwuchses brachte so öfters den heimischen Computer zum Erliegen.

Inzwischen hat sich viel getan. Die Anbieter von Software für Kinder wissen, dass ihre Produkte von Fachleuten getestet und bewertet werden. Da der Konkurrenzkampf unter den Firmen groß ist, versucht inzwischen jeder, vernünftige Produkte auf den Markt zu bringen (schwarze Schafe gibt es leider immer noch).

Computer in der Grundschule

Ich habe mich ausführlich mit dem Einsatz von Computern an Schulen befasst. Gerade von England können wir uns einiges abschauen. Bereits 1984 waren 99 % aller englischen „primary schools“ (entspricht in etwa unseren Grundschulen) mit Computern ausgestattet:
„Computerbildung für alle Schülerinnen und Schüler wird in England nach wie vor als zentrale nationale Aufgabe angesehen. Computereinsatz in englischen Grundschulen (und gelegentlich schon davor) ist seit Mitte der 80er Jahre eine Selbstver-

ständlichkeit und wird im Rahmen von Einzel-, Partner- und Gruppenarbeit ab dem 1. Schuljahr in fast allen Schulfächern mit viel Erfolg in lebensnahen Aufgabenstellungen praktiziert“ (Morawietz 1992, S. 407). Auch in Frankreich und den USA ist der Computer aus dem Unterricht nicht mehr wegzudenken. Das alleine würde den Einsatz nicht rechtfertigen. Wissenschaftliche Untersuchungen belegen aber, dass Kinder beispielsweise am Computer wesentlich effektiver üben als mit Papier und Bleistift.

Kinder mit Problemen in einem Schulfach werden durch das neue Arbeitsmittel oft motiviert. Die Kinder kennen die normalen Übungssituationen nur zu gut: Sie strengen sich an, füllen mühsam das Arbeitsblatt aus – und hinterher wird ein Großteil vom Lehrer rot angestrichen. Der Frust ist groß, gut gemeinte Ratschläge werden dann oft gar nicht wahrgenommen. Der Computer hingegen reagiert nach jeder Aufgabe, indem er für die richtige Lösung ein Lob ausspricht oder auf einen Fehler aufmerksam macht. Kann das Kind die Aufgabe auch im zweiten Versuch nicht lösen, gibt das Programm einen Lösungshinweis, der dem Kind auf die Sprünge helfen soll. Und das bei jeder Aufgabe! Diese individuelle Betreuung mit einem Höchstmaß an Geduld (der Computer kann sie schlichtweg nicht verlieren) unterscheidet den Computer vom Durchschnittslehrer, der für 25 bis 32 Schüler gleichzeitig da ist.

Aber nicht nur lernschwache Kinder, sondern auch leistungsstarke Kinder profitieren von der Arbeit mit dem Computer. Oft können die Schüler zwischen verschiedenen Schwierigkeitsstufen wählen und sich so selbstständig an neue Herausforderungen wagen. Dadurch werden Unterforderung, Unlust oder anderweitige Ablenkung vermieden. Aus Versuchen mit Schulklassen, die von der Hochschule begleitet wurden, geht hervor, dass Kinder, die gelegentlich mit dem Computer arbeiten, genauso gute oder bessere Leistung bringen als vergleichbare Kinder ohne Computereinsatz in der Schule.

Diesen Tatsachen können sich zum Glück auch die offiziellen Stellen nicht mehr entziehen. In den Bildungsplänen (Lehrpläne) der Länder wird gerade in neuen Ausgaben verstärkt auf die Nutzung von Computern im Unterricht hingewiesen. Allerdings ist es mit Verordnungen und dem guten Willen der Lehrkräfte nicht getan. In den meisten Schulen fehlt es an Geld für die Anschaffung von Computern und Software. Inzwischen gibt es Initiativen von Eltern und Lehrern, Kooperationen mit Firmen und Schulen, die eine preiswerte (bis kostenlose) Ausstattung mit Computern ermöglichen.

Zu Hause an den Computer?

Die Kinder sehen, wie ihre Eltern und Geschwister am PC arbeiten (und spielen). Auf viele (auch jüngere) Kinder übt der oft bunte Bildschirm und die Tastatur mit den vielen Knöpfen eine Faszination aus; sie sind neugierig, was man mit dem Zauberkasten machen kann. In anderen Bereichen lassen wir es zu, dass Kinder wissbegierig sind und ihre Neugier befriedigen wollen, weil es wichtig für ihre Entwicklung ist. Warum sollten wir den Computer ausklammern? Kinder gehen ungezwungen mit Neuem um. Sie haben keine Berührungsängste und lernen dadurch einfacher. Ein Nachteil ist das bestimmt nicht.
Die meisten Lernprogramme, die in der Schule eingesetzt werden, können problemlos zu Hause verwendet werden, um damit Schulstoff zu üben oder aufzufrischen.

Abraten möchte ich dagegen von so genannten Kinder-Lerncomputern. Von weitem erinnern sie an Notebooks. Bei genauerem Hinsehen kommt die Wahrheit schnell ans Licht: Ein Plastikkasten mit knallbunten Tasten soll Kinderherzen höher schlagen lassen – was er rein von der Optik her vielleicht auch tut. Allerdings können diese Kindercomputer nur unwesentlich mehr als ein gewöhnlicher Taschenrechner. Lediglich im Verkaufspreis sind sie ihm deutlich überlegen! Ausführlich mit speziellen Lerncomputern für Kinder haben sich Dr. Thomas J. Schult und Dr. Jürgen Rink befasst (siehe Lesetipps Seite 120). Allerdings wäre es übertrieben, einem jüngeren Kind einen eigenen neuen PC zu kaufen, da es die Möglichkeiten gar nicht nutzen kann. Bis es einmal so weit ist, den Computer effektiv einzusetzen, ist das Gerät veraltet. Wenn die Eltern den Nachwuchs nicht an den eigenen Computer lassen wollen, sollte man in der Bekanntschaft fragen, ob nicht irgendwo ein ausgemustertes Stück herumsteht.

Software-Überblick

Tutorielle Lernprogramme haben den Anspruch, neues Wissen zu vermitteln. Das Programm soll sich individuell auf den Benutzer einstellen, das heißt das Tempo, die Anzahl der Lernschritte und Hilfestellungen variieren von Kind zu Kind. Was hier nett klingt, ist technisch relativ schwierig umzusetzen. Um sich individuell an den Benutzer anpassen zu können, müsste das Programm zuvor mithilfe eines Tests ein Benutzerprofil erstellen, aus dem es ablesen könnte, welches Vorwissen der Benutzer mitbringt oder wo er gravierende Lücken hat. Im Programmverlauf müsste dann weiter jeder Lernfortschritt dokumentiert werden.
Simulationen wurden ursprünglich für die Forschung entwickelt. Es sollten Vorgänge nachgeahmt werden, die unter realen Bedingungen zu teuer, gefährlich oder weit entfernt wären. Eine der bekanntesten Simulationen ist die Flugzeugsimulation, mit deren Hilfe Piloten ausgebildet werden. Am Computer können so Situationen wie Notlandungen geübt werden, ohne dass Menschen in Gefahr kommen.

Inzwischen werden auch in Pkw-Fahrschulen Simulationsprogramme eingesetzt, weil hier ein grober Fehler des Fahrschülers nicht mit Blech- und Personenschäden endet. Bei einer guten Simulation kann der Benutzer Einfluss ausüben. So hat er z. B. die Möglichkeit, Geschwindigkeit und Richtung zu ändern – das Simulationsauto reagiert entsprechend.

Programme mit Werkzeugcharakter: Unter diese Kategorie fallen Textverarbeitungs-, Dateiverwaltungs- und Grafikprogramme sowie Nachschlagewerke. Der Computer hat hier die Funktion eines Werkzeugs. Im Bereich der Textverarbeitung sind einige eigens für Kinder erstellte Programme auf dem Markt. Es handelt sich dabei um herkömmliche Anwendersoftware, die speziell auf die Bedürfnisse der Kinder zugeschnitten wurde. Auch elektronische Nachschlagewerke sind auf dem Markt. Bekannte Programme sind z. B. „Mein erstes Lexikon" und „Wie funktioniert das?". „Mein erstes Lexikon" ist ansprechend gestaltet und lässt sich besonders gut im Primarbereich einsetzen, vorausgesetzt, man besitzt einen multimediafähigen Computer. Die Kinder müssen nicht lesen können, um Informationen abzurufen. Die Kenntnis einzelner Buchstaben erleichtert die Suche, ist aber nicht notwendig. Die Auswahl eines Begriffes erfolgt über das Anklicken des entsprechenden Bildes. Die Informationen zu diesem Begriff werden als Text und als Sprachausgabe angeboten. Dadurch ist der Einsatz von „Mein erstes Lexikon" möglich, bevor das Kind lesen kann.

Programmiersprachen ermöglichen es, selbst Computerprogramme zu schreiben. Für Kinder ist diese Anwendung weniger interessant. Eine kurze Einführung in Programmiersprachen wird in einigen Bundesländern und Schulen durch Teile des Mathematikunterrichts oder Arbeitsgemeinschaften angeboten.

Übungsprogramme sollen Gelerntes wiederholen und festigen. Im Unterschied zu tutoriellen Lernprogrammen, die neuen Lernstoff einführen, trainieren Übungsprogramme bereits gelernten Stoff mit dem Schüler. Die Aufgaben werden mit verschiedenen Parametern gestellt, die variieren können. Der Schüler kann die Lösung direkt eingeben. Je nach Programm gibt es bei der Lösungseingabe und der Reaktion auf falsche Lösungen unterschiedliche Handhabungen. Einige ältere Programme lassen keine „falschen“ Antworten zu, andere akzeptieren auch diese. Unter didaktischen Gesichtspunkten ist es zwingend erforderlich, dass bei einer falschen Lösungseingabe eine sofortige Rückmeldung kommt und nicht erst nach Beenden der kompletten Aufgabenserie. Entweder muss die richtige Lösung eingeblendet werden oder der Hinweis erfolgen, die Aufgabe noch einmal zu bearbeiten. Der Schüler erhält so nach jeder Antwort eine sofortige Rückmeldung.

Dieses unmittelbare Feed-back ist auch ein positiver Aspekt von Übungsprogrammen. Der Schüler bekommt sofort eine Reaktion auf seine Antwort und muss nicht erst warten, bis der Lehrer Zeit findet oder ein Arbeitsblatt korrigiert hat. Macht der Schüler wiederholt Fehler, passt ein gutes Programm den Schwierigkeitsgrad dem Übenden an. Umgekehrt kann der Schwierigkeitsgrad gesteigert werden. Durch diese Adaption wird eine Über- bzw. Unterforderung des Lernenden vermieden. Nach einer Übungssequenz erfolgt bei halbwegs brauchbarer Übungssoftware ein Protokoll, das mehr und minder gut über den Leistungsstand und die Schwächen des Schülers informiert. Dieses Protokoll kann ausgedruckt und/oder gespeichert werden.

Edutainment-Programme sind wie der Name selbst ein Produkt der Multimedia-Industrie. Er setzt sich aus den englischen Begriffen „education“ (Erziehung) und „entertainment“ (Unterhaltung) zusammen. „*Der Begriff steht, leicht verkürzt, für spielerisches Lernen*“ (Feibel 1995, S. 196). Best of: Peter Lustigs „Löwenzahn“ 1 und 2; „Pettersson und Findus“; „Tiger und Bär im Straßenverkehr“; „Der kleine Tiger braucht ein Fahrrad“.

Berit Binder

Lesetipps:
Dr. Thomas J. Schult/Dr. Jürgen Rink, Piep-Show. Lerncomputer für Kinder, c't 25/98, Seiten 174–181
Thomas Feibel, Spielend lernen – Lernsoftware für Kinder auf CD-ROM, c't 10/95, Seiten 196–204
Thomas Feibel, Spaß ist rund – CD-ROMs zum Spielen und Lernen für Kinder, c't 10/96, Seiten 226–230
Thomas Feibel, Statt Schnuller – CD-ROMs für die Kleinsten, c't 20/98, Seiten 94–99
Gerald Hoelscher, Kind und Computer. Spielen und Lernen am PC, Springer Verlag 1994
Barbara Mooser, Kindersoftware. Lernen, Wissen, Spiel und Spaß. Markt & Technik Buch und Software-Verlag 1996
J. Retschitzki/J. und J.-L. Gurtner, Das Kind und der Computer, Verlag Hans Huber 1997

Meine persönlichen Lieblinge:
Colin Webb/Wynne Rowe, Kinder entdecken den Computer. (Das Buch schildert in liebevoller Weise, wie Kinder mit dem Computer umgehen. Oft werden Erfahrungen der Autoren mit ihren eigenen Kindern angeführt.)
Thomas Feibel, Kindersoftwareratgeber 1999. (CD oder Buchausgabe; wer einen Computer mit CD-ROM-Laufwerk besitzt, ist mit der CD besser bedient. Neben den Hintergrundinformationen liegen 13 CDs mit den Demo-Versionen der führenden Softwareverlage bei. Mit der Bewertung einzelner Programme stimme ich oft nicht mit Thomas Feibel überein. Trotzdem bietet die CD-Ausgabe einen guten Überblick über die Softwareprodukte für Kinder.)